MEINE PLAYLIST

für gute Vibes

ROBIN SCHULZ

PRESENTS

Rob's Barbecue

MEINE BESTEN GRILLREZEPTE

ROBIN SCHULZ

PRESENTS

Rob's Barbecue

MEINE BESTEN GRILLREZEPTE

FOOD-FOTOGRAFIE: MATHIAS NEUBAUER
PEOPLE-FOTOGRAFIE: CHRISTOPH KÖSTLIN

THEORIE

REZEPTE

DIOR

VORWORT

»GRILLEN IST LEICHT UND MACHT RICHTIG BOCK, PROBIER'S MAL AUS!«

Mir ist wichtig, dass niemand denkt, ich sei ein DJ, der einfach irgendein Kochbuch rausbringt. Wenn du mich kennst, weißt du: Wenn ich etwas mache, dann stets aus tiefster Leidenschaft. Das gilt fürs Musikproduzieren genauso wie fürs Grillen. Wenn ich Feuer gefangen habe und für ein Thema brenne, will ich es auch perfektionieren. Kein Witz, wenn ich nicht auf Tour bin, koche ich fast jeden Tag. Und glaube mir, es ist überhaupt nicht kompliziert – was ich dir mit Rob's Barbecue zeigen möchte.

Weil ich über Instagram und etliche andere Kanäle oft nach meinen Rezepten gefragt werde, habe ich meine Lieblingsgrillgerichte hier für dich gesammelt – und damit auch mir selbst meinen Traum vom eigenen Kochbuch erfüllt. Ich möchte dich dazu ermutigen, die Angst vorm Kochen und Grillen zu verlieren. Trau dich, nimm mal frische Sachen in die Hand, anstatt einfach die Fertigpackung aufzureißen. Genau das habe ich früher auch getan, darum weiß ich, wie viel besser selbst gemachtes Essen schmeckt. Klar muss es manchmal schnell gehen, weswegen du in diesem Buch auch nicht nur besondere, etwas aufwendigere Rezepte für Fortgeschrittene findest, sondern auch viele einfache Ruckzuckgerichte sowie kleine Snacks mit nur ein paar wenigen Zutaten. Und: Alle Gerichte kannst du auf dem Grill zubereiten, aber auch genauso gut in der Küche.

Sei offen, das macht echt richtig Bock. Denn beim Grillen geht es um viel mehr als nur ums Essen. Ich zelebriere diese Momente für mich, weil ich dabei zur Ruhe komme und so mir und meinem Körper etwas Gutes tue. Das kannst du auch. Probiere es einfach mal aus!

Robin

All this Love

GRILL-LEIDENSCHAFT

Selberkochen ist für mich viel mehr als nur eine bewusste Ernährung, beim Grillen kann ich runterkommen und abschalten. Alles über meine BBQ-Leidenschaft und die wichtigsten Basics.

MEINE GROSSE LIEBE *zum BBQ*

Wie meine Leidenschaft für das Grillen überhaupt »entflammt« ist? Es ging bei mir mit ganz klassischen Sachen wie Würstchen und Nackensteak los. Eine richtige Passion habe ich dann vor ungefähr fünf Jahren entwickelt, als ich die ersten Videos von YouTube-Grillern wie »Klaus grillt« oder »BBQ aus Rheinhessen« gesehen habe. Die fand ich superspannend und ich wollte alles unbedingt nachmachen. Ich habe mir passendes Equipment geholt und es einfach mal ausprobiert. Alles, was ich wissen musste, habe ich mir mithilfe von Tutorials selbst beigebracht. Genauso wie damals beim Musikproduzieren. Das hat super geklappt und ich habe mich in das Hobby verliebt. Seitdem freue ich mich nach einer Tour darauf, wenn ich wieder nach Hause komme, dass ich beim Grillen so richtig runterkommen kann, zurück in ein normales Leben. Denn jeder von uns braucht doch etwas, das ihn nach der Arbeit durchatmen lässt. Und beim Grillen geht es um so viel mehr als Essen, es hat für mich beinahe etwas Meditatives, dabei kann ich ganz bei mir sein. Feuer machen, eine Stunde chillen, Musik hören, hier ein bisschen schnippeln, dort ein Steak wenden… Das sind für mich Momente der absoluten Entschleunigung, ohne großen Input von außen. Klar könnte ich auch jemanden einstellen, der für mich

››› Ich perfektioniere die Zubereitung so lange, bis ich hundertprozentig zufrieden bin.

kocht. Aber ich habe Bock, es selbst zu machen, es macht mir ja richtig Spaß. Selbst wenn ich Termine habe oder es viel zu tun gibt, nehme ich mir gern die Zeit dafür, um was Geiles auf der Gabel zu haben.

PROBIER DICH AUS

Früher habe ich mir die Inspiration für meine Gerichte in Kochbüchern geholt, in meinem Wohnzimmer steht ein ganzes Regal voll damit. Heute grille ich einfach drauflos, experimentiere mit Kräutern und Gewürzen und entwickle auf diese Weise immer neue Specials für mein Barbecue. Auch du wirst schnell ein Gespür dafür entwickeln, was du miteinander kombinieren kannst, das kommt ganz automatisch.

GÖNN DIR WAS GUTES

In meiner ganzen Jugend habe ich mich superschlecht ernährt, es sollte immer so schnell gehen wie möglich, Hauptsache war, dass ich satt wurde. Doch seit ich mir frische Produkten zubereite, merke ich erst, wie viel geiler das eigentlich ist. Wenn du denkst, du kannst es dir nicht leisten – es muss nicht jeden Tag ein teures Rinderfilet sein, es reicht doch, wenn du dir für den Anfang einmal in der Woche ein gutes Stück Fleisch kaufst. Gönn dir was Gutes, lade deine Freunde dazu ein und macht euch gemeinsam eine schöne Zeit. Statt an einem Abend im Club euer Geld für Drinks auszugeben, investiert es einfach mal in Lebensmittel, davon könnt ihr dann tagelang gut essen.

KAUFE FRISCH UND REGIONAL

Beim Einkauf lege ich großen Wert auf gute Qualität und nachhaltig produzierte Lebensmittel. Um die regionalen Anbieter zu unterstützen, besorge ich frische Zutaten wie Fisch möglichst in der Umgebung. Wenn ich mal was Besonderes suche, was man beim heimischen Metzger oder im Supermarkt nicht unbedingt bekommt, bestelle ich online bei Premium-Anbietern wie etwa Kreutzers oder Gourmetfleisch. Da findest du neben außergewöhnlichen amerikanischen Cuts auch Extravagantes wie Kobe-Rind, Hummer oder Wild.

»GRILLEN HAT FÜR MICH BEINAHE ETWAS MEDITATIVES.«

GESUNDE ERNÄHRUNG MACHT DICH FIT

Grundsätzlich achte ich seit einiger Zeit verstärkt darauf, viel Eiweiß in Form von Fleisch oder Seafood zu mir zu nehmen, aber auf Beilagen wie Brot weitgehend zu verzichten. Dafür esse ich mehr Salat und reichlich frisches Gemüse. Dabei ist mir immer wichtig, dass es schmeckt. Es ist wirklich überraschend, wie viele leckere Low-Carb-Gerichte man machen kann. Und ich merke definitiv, dass es mir seitdem viel besser geht und ich deutlich fitter bin.

BLEIB DRAN

Wenn ich koche, bin ich dabei sehr perfektionistisch. Normalerweise habe ich wirklich null Geduld, das gilt für alle Lebensbereiche. Ich möchte immer alles so schnell wie möglich fertig haben, ich bin dann einfach in meinem Modus. Meine Freunde sind dann jedes Mal aufs Neue überrascht, wie viel Geduld ich beim Grillen aufbringen kann, das kennen sie sonst überhaupt nicht von mir. Klar ist bei mir auch schon etwas verbrannt oder schiefgegangen, meine bis heute größte Challenge ist das Brisket, die Königsdisziplin. Die Rinderbrust wird im Smoker bei niedriger Temperatur langsam gegart, bis sie superzart ist. Das dauert ungefähr 20 Stunden. Das habe ich bis heute noch nicht so hinbekommen, dass ich hundertprozentig zufrieden war. Aber davon lasse ich mich absolut nicht abbringen, das spornt mich nur noch mehr an. Ich werde so lange an meiner Herangehensweise feilen, bis das Brisket einfach perfekt ist.
Natürlich wird bei mir niemals etwas weggeschmissen. Wenn beispielsweise die Rinderbrust wider Erwarten nicht ganz gar sein sollte, schneide ich die einfach in kleine Stücke und mache ein Brisket-Chili-con-Carne daraus. Denn wenn man das Fleisch in Flüssigkeit gart, wird es irgendwann unglaublich zart. In solchen Fällen muss man halt improvisieren. Das sollte einen aber nicht davon abhalten, Dinge auszuprobieren und sich auch mal an Neues zu wagen.

ENTDECKE DIE FREUDE AM GRILLEN

Ich habe keine richtige Ausbildung gemacht, aber eine Kochlehre hätte mir sicher gefallen. Vor zwei Jahren habe ich mir den Traum von einer Outdoor Kitchen erfüllt, meine Sammlung umfasst mittlerweile ungefähr 15 verschiedene Grills, darunter ein Smoker, ein Beefer, eine Feuerplatte, ein Keramikgrill, ein Dreibein, eine Rotisserie – ich habe sogar einen Dönergrill, einen Pizzaofen und einen Wurster, das ist ein Toaster für Würstchen, aber das ist eher ein Spielzeug.
Ich würde mir wünschen, dass ich dich mit meiner Leidenschaft anstecken kann und auch du die Freude am Grillen entdeckst.

66

GRILLAUSSTATTUNG

meine Top 15

DAS SOLLTEST DU PARAT HABEN, DAMIT DAS GRILLEN AUCH WIRKLICH EINE GROSSE OUTDOOR-PARTY WIRD!

MUSIKBOX & SONNENBRILLE: Sorgen stets für den richtigen Flow, egal ob bei allen Vorbereitungsarbeiten oder später dann beim Grillen, wenn die Gäste da sind. ››› 1

GRILLZANGE & PFANNENWENDER: Sind perfekt zum Wenden des Grillguts, damit du dir dabei nicht die Finger verbrennst. Beides sollte stabil sein, einen langen Stiel und einen handfesten Holzgriff haben. ››› 2

GRILLBÜRSTE: Verwende unbedingt eine sehr robuste Grillbürste mit langem Stiel, um den Grillrost mit ordentlich Druck optimal reinigen zu können.

GRILLHANDSCHUH: Hitzebeständige Handschuhe sorgen für guten Schutz vor Verbrennungen. Nimm unbedingt ein Modell, mit dem du möglichst viel Gefühl hast und gut hantieren kannst. ››› 3

FLEISCHTHERMOMETER: Garantiert ein perfektes Grillergebnis, auch wenn du wenig Grillerfahrung hast. Mit einem Fleischthermometer kannst du das Grillgut genau auf den Punkt garen (Kerntemperatur). ››› 4

SILIKONPINSEL: Ist besonders gut für das Grillen geeignet, da die »Borsten« in der Regel äußerst hitzebeständig sind und auch bei dickflüssigeren Würzsaucen nicht verkleben. Wichtig: Beim Kauf auf einen ausreichend langen Stiel achten, damit du das Grillgut auch auf dem Rost einstreichen kannst, ohne dich zu verbrennen. ››› 5

SCHARFES MESSER & ARBEITSBRETT: Ein richtig scharfes Messer ist die Grundvoraussetzung, um Fleisch, Fisch, Gemüse und vieles mehr völlig problemlos schneiden zu können. Ebenso wichtig ist ein großes Arbeitsbrett mit Auffangrinne, damit austretender Saft nicht auf den Tisch läuft.

SALZ-/PFEFFERMÜHLE: Nimm zum Würzen große, griffige Mühlen, damit du auch mit fettigen Fingern den richtigen Dreh hast. ››› 6

HOHER RÜHRBECHER & PÜRIERSTAB: Gut geeignet, um Rubs, Dips, Dressings und Saucen zu mixen.

PIZZASTEIN: Ein Pizzastein sollte immer passend zur Größe des vorhandenen Grills ausgewählt werden. Rundherum muss ausreichend Platz sein, damit die Hitze von unten her entlang des Grilldeckels auch nach oben strömen kann. ››› 7

GUSSEISERNE GRILLPFANNE: Diese robuste, sehr langlebige Pfanne ist für Zubereitungen auf dem Grill ideal, da Gusseisen die Hitze gleichmäßig verteilt und extralange speichert. Wähle unbedingt eine richtig große Pfanne, dann kannst du gleichzeitig mehrere Sachen darin zubereiten, etwa das Fleisch und die Gemüsebeilage. ››› 8

GUSSEISERNER DUTCHOVEN: Ich liebe Eintöpfe und Kesselfleisch, daher ist dieser Allround-Kochtopf aus Gusseisen (mit Deckel) ein absolutes Must-have für mich.

DREHSPIESS MIT MOTOR: Ein knuspriges Hähnchen oder Gyros von der Rotisserie ist nur ein Grill-Highlight, diese Zubereitungsweise sorgt während des Grillens auch für eine entspannte Atmosphäre.

PLANCHA: Mit dieser Grillplatte lassen sich viele Kleinigkeiten gleichzeitig grillen, ohne dass sie durch den Rost fallen. Auch Bratkartoffeln werden damit einfach perfekt. Die Plancha sollte aus Gusseisen sein, Form und Größe sollten zum Grill passen.

SPIESSE: Schnell mal was aufgespießt und dann sofort losgegrillt – Metall- und Holzspieße benutze ich sehr gerne. Holzspieße müssen allerdings vorher ausreichend gewässert werden, damit sie beim Grillen nicht gleich Feuer fangen.

MEINE 10 BESTEN PREVIEW-SOS-TIPPS

damit von Anfang an nichts schiefgehen kann

>>> AUF REGIONALITÄT ACHTEN

Damit bist du nicht nur umweltbewusst, sondern bekommst auch Zutaten, die nicht jeder in dieser Art hat. Nahrungsmittel aus der Region sind geschmacklich meist eine Wucht, außerdem sind sie nachhaltig erzeugt und machen beim Grillen richtig Spaß.

>>> AUF QUALITÄT WERT LEGEN

Lieber etwas mehr Geld ausgeben und auf Geschmack setzen! Sparsam solltest du nur mit dem Umgang der Hitze sein, nicht aber beim Kauf von Lebensmitteln.

>>> LEBENSMITTEL SELBST WÜRZEN

Beim Würzen, Marinieren und Einlegen immer selbst Hand anlegen. Dann ist klar, was in der Marinade steckt und wie das Grillgut wirklich aussieht. Grillfertige Steaks oder Fischfilets liegen oft tagelang in Flüssigmarinaden und das Grillergebnis ist kein echtes Highlight.

>>> GRILL UND ROST IMMER SAUBER HALTEN

So verhinderst du, dass das Grillgut am Rost anklebt, und du sorgst zudem bei den Gästen für große Augen.

>>> AUSREICHEND BRENNSTOFF AUF VORRAT HABEN

Nichts ist schlimmer, als wenn dir Briketts, Holzkohle oder Gas ausgehen, gerade bei Grillgut mit einer längeren Garzeit wie etwa bei Ribs oder Brisket. Muss man zum Fertiggrillen extra in die Küche, ist das ärgerlich.

>>> KOHLE ORDENTLICH ANFEUERN

Am besten immer dieselbe Sorte Briketts oder Holzkohle (trocken gelagert!) kaufen, um stets die gleichen Voraussetzungen zu haben. Zum zügigen Anheizen in einen Anzündkamin geben. Sind dann Kohle oder Briketts etwa bis zu Hälfte durchgeglüht, in den Kohlekorb umfüllen. Achtung! Ist die weiße Ascheschicht bereits an der Oberfläche zu sehen, ist ein Großteil der Energie schon verheizt.

>>> DIREKTE UND INDIREKTE HITZE NUTZEN

Mit einer Zwei-Zonen-Hitze bist du beim Grillen einfach flexibel. Wenn beispielsweise etwas zu dunkel geworden ist, schnell das Grillgut über die indirekte Hitze ziehen, fertig. Stress vorbei und ab zu den Drinks.

>>> IMMER MIT DECKEL GRILLEN

Wenn der Grill geschlossen ist, funktioniert er wie Herd und Backofen in einem, die Wärme kann gleichmäßig zirkulieren. Das heißt, alles, was du auf der Herdplatte oder im Ofen zubereitest, kann auch gegrillt werden. Außerdem schützt der Deckel des Grills vor äußeren Einflüssen wie Wind oder Regen.

>>> BESSER TEMPERATUR MESSEN, NICHT RATEN

Wenn du keine Erfahrung hast oder ein neues Gericht ausprobierst, ist es wie beim Lottospielen: Das Ergebnis passt oder eben auch nicht. Benutze lieber ein Fleischthermometer, um auch exakt den gewünschten Gargrad (Kerntemperatur) zu erreichen. Das ist bei Fleisch, Geflügel und manchmal auch Fisch besonders hilfreich.

>>> FLAMMENBILDUNG VERMEIDEN

Das Grillgut darf ruhig dünn mit Öl oder Marinade überzogen sein, sollte aber nicht tropfnass gegrillt werden. Ebenso muss der Grill sauber sein und die Abtropfschale regelmäßig geleert werden, damit sich nichts entzünden kann.

WELCHER GRILL
passt zu mir?

ES KOMMT AUF DEINE INDIVIDUELLEN ANGEWOHNHEITEN UND ANSPRÜCHE SOWIE AUF DEIN GRILLVERHALTEN AN, WELCHER GRILL DER PASSENDE IST. DIE AUSWAHL IST GROSS, DIE ENTSCHEIDUNG NICHT EINFACH. MITHILFE DIESER FRAGEN KANNST DU LEICHTER EINE ANTWORT FINDEN.

Für mich gehört der Geruch von heißer Holzkohle mit zum Grillen? Ich liebe es, mir ausgiebig Zeit zu nehmen, um mein Grillerlebnis mit guten Freunden und der Familie zu teilen?

Es sieht danach aus, als ob du der urige, gemütliche Typ bist. Du brauchst in jedem Fall einen Grill, der mit Holzkohle oder Briketts befeuert wird.

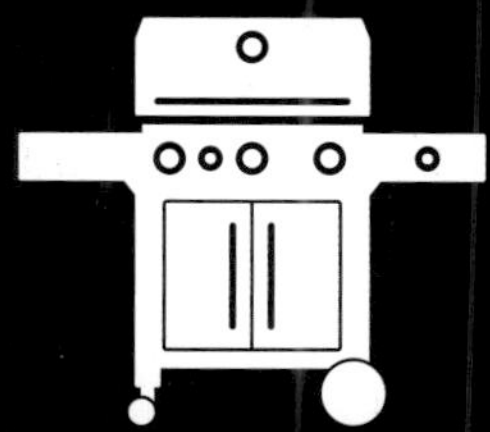

Ich schätze es, wenn alles nicht so lange dauert und es schnell losgehen kann? Rauch- und Geruchsentwicklung mag ich dagegen nicht so gerne?

Es scheint so, als ob du von der flinken Sorte bist. Ein in sekundenschnelle einsatzbereiter Gasgrill ist da wohl ganz dein Ding.

Ich brutzle am allerliebsten unterwegs, etwa wenn ich beim Baden bin? Meine Gillstation ist der Balkon? Ich habe im Garten richtig viel Platz fürs BBQ?

Alle Unterwegsgriller benötigen einen tragbaren, stabilen, nicht zu schweren Grill, den man problemlos transportieren kann. Der Grill für den Balkon ist kompakt, damit er nicht so viel Platz braucht und gut verstaut werden kann. Ein Grill für den Garten darf dagegen ausladend sein.

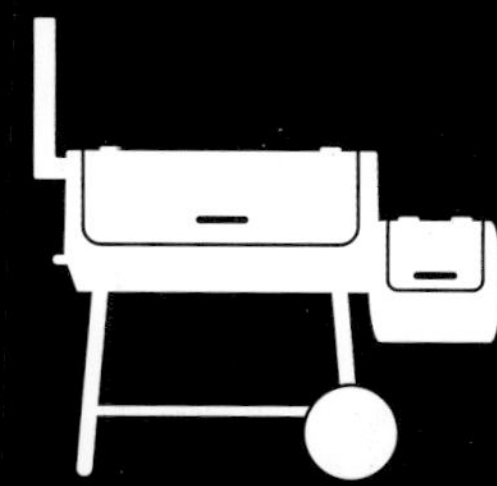

Nichts ist besser, als stundenlang zu grillen und zu räuchern? Ich nehme mir gerne Zeit, um Fleisch & Co. ein unvergleichliches, spezielles Aroma zu verleihen?

Ganz klar, du bist der Smoker-Typ! Da ist ein Holzpelletgrill genau das Richtige. In dem kannst du vom Low-and-slow-Garen übers Räuchern bis hin zum scharfen Anbraten wirklich alles machen. Und das mit einem unverwechselbaren Aroma!

***

FÜR WELCHEN GRILL DU DICH AUCH ENTSCHEIDEST, EINER MIT DECKEL SOLLTE ES IMMER SEIN. DANN BIST DU FÜR ALLE GRILLEINSÄTZE GERÜSTET UND KANNST DEN KOMPLETTEN FACETTENREICHTUM MIT DER ENTSPRECHENDEN GRILLTECHNIK ABSCHÖPFEN.

GRILLEN MIT KOHLE

die Basics

HOLZKOHLE ODER -BRIKETTS?

. Holzkohle ist nichts anderes als verkohltes Holz und wird in sogenannten Meilern durch den Köhler hergestellt. Sie dient als Energielieferant für schnelle und hohe Hitze, die relativ rasch wieder nachlässt.

2. Holzkohlebriketts werden in der Regel aus gepresstem Steinkohlestaub hergestellt und haben eine kompakte und gleichmäßige Form. Briketts benötigen beim Anzünden zwar ein paar Minuten mehr, entwickeln dafür aber ihre Hitze nach und nach. Das ist besonders vorteilhaft, wenn man über einen längeren Zeitraum grillen möchte.

RICHTIG ANZÜNDEN

1. Früher hatte man zum Anzünden flüssige Grillanzünder. Heute nutzt man geruchsneutrale und ungiftige (Bio-)Anzündewürfel oder -wolle aus nachwachsenden Ressourcen wie Holz und pflanzlichem Wachs.

2. Zwei, drei Anzündwürfel oder -wollen auf den Kohlerost des Grills legen und anzünden. Einen zur Hälfte mit Kohle oder Briketts befüllten Anzündkamin drüberstellen und nach Angabe des Herstellers durchglühen lassen, bis eine weiße Ascheschicht entstanden ist. Jetzt die Kohle in den Grill umfüllen.

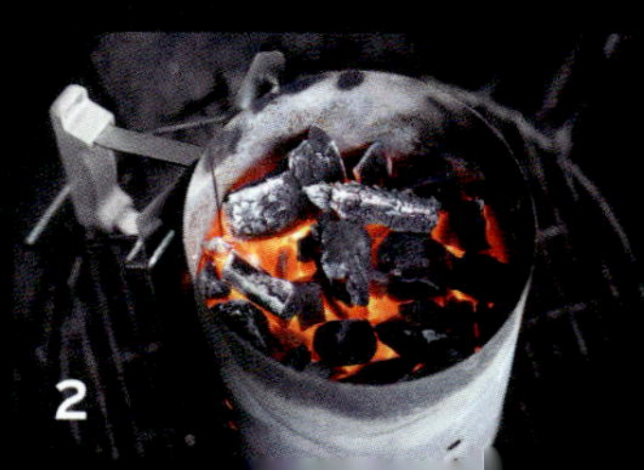

TEMPERATUR REGULIEREN

1. Befüllst du den Grill mit einem halben Kamin glühender Briketts, erhältst du eine Temperatur von 220–250°. Wenn die Hitze dann nach längerer Grilldauer schwächer wird, einige Briketts nachlegen.

2. Über die Deckellüftung lässt sich die Hitze auch regulieren. Es dauert aber einige Minuten, bis die Temperatur abgefallen ist. Deshalb zu Beginn nicht zu viel Kohle in den Grill geben, damit die Hitze im Rahmen bleibt, und später nachlegen. Und: Der Regler im Kessel sollte stets geöffnet bleiben, damit man die Kohle nicht erstickt.

GRILLEN MIT GAS

die Basics

ERSTE SCHRITTE

1. Anschließen & prüfen: Gasschlauch des Grills von Hand an der Gasflasche anschließen (Achtung, Linksdrehung!). Dann bei geöffnetem Ventil die Dichtheit aller Anschlussstellen und des Schlauchs prüfen. Alle Drehregler des Grills stehen dabei auf null.

2. Anzünden vorbereiten: Deckel des Grills ganz nach oben klappen und alle Drehregler für die Brenner auf Nullstellung bringen. Danach das Ventil der Gasflasche mit einer Vierteldrehung öffnen.

3. Brenner zünden: Da es diverse Zündsysteme gibt (z. B. Piezo Zünder, Elektrozünder), die Bedienungsanleitung zu Hilfe nehmen. Wichtig: Brenner nacheinander zünden, jeweils die Flamme prüfen. Und: Zum Aufheizen des Grills immer alle Brenner aktivieren.

TEMPERATUR REGULIEREN

1. Vom Thermometer im Deckel oder im Seitentisch des Grills lässt sich ganz einfach die aktuelle Temperatur ablesen.

2. Durch das Drehen der Regler kannst du die Gaszufuhr und somit die Hitze anpassen. Achte dabei darauf, dass der Grill geschlossen ist.

GRILLEN ÜBER EINEN LÄNGEREN ZEITRAUM

Das ist mit einem Gasgrill überhaupt kein Problem. Du musst keinerlei besondere Vorbereitungen treffen, außer vielleicht eine zweite Flasche bereitzuhalten. Was gerade dann empfehlenswert ist, wenn die aktuelle Gasflasche angebrochen ist.

DIE TECHNIKEN *des Grillens*

DIREKTES GRILLEN

Hier legst du das Grillgut unmittelbar über die Hitzequelle (1). Die Hitze kommt direkt von unten und ermöglicht so eine optimale Krustenbildung (2). Du kannst auf Sicht grillen, bis sich das typische Grillmuster abzeichnet.

>>> Perfekt für schnelles (An-)Grillen bei mittlerer bis hoher Hitze, etwa von kleineren Fleischstücken und Grillgut mit einer Garzeit von unter 20 Minuten.

INDIREKTES GRILLEN

Die indirekte Hitze ist eine Art Abstrahlhitze. Um diesen Effekt zu erreichen, legst du das Grillgut nicht direkt über die Hitzequelle, sondern versetzt dazu (1). Außerdem sollte möglichst mit geschlossenem Deckel gegrillt werden (2). Eine Auffangschale mit Wasser hilft dabei, den Grill sauber zu halten, da das herabtropfende Fett damit aufgefangen wird. Auch wird damit die Temperatur noch gleichmäßiger verteilt.

>>> Optimal für Grillen über einen längeren Zeitraum (z. B. größere Fleischstücke), schonendes Grillen bei niedrigeren Temperaturen (z. B. Fisch oder zartes Gemüse) oder um bei gefülltem oder fettdurchzogenem Grillgut die Flammenbildung zu vermeiden.

DIREKTES UND INDIREKTES GRILLEN KOMBINIERT

Meine Empfehlung für dich: Benutze am besten beide Techniken, bereite den Grill für direktes und indirektes Grillen vor. So kannst du beispielsweise ein dickes Steak über hoher direkter Hitze angrillen und anschließend bei niedriger indirekter Hitze langsam fertigrillen (1). Oder du grillst indirekt einen großen Braten ganz sanft gar, bestreichst ihn dann mit einer Würzsauce und gibst ihm zu guter Letzt durch direkte Hitze noch einen feurigen Abschluss.

RÄUCHERN

Räuchern im geschlossenen Holzkohlegrill ist simpel. Dazu verteilst du gewässerte (mind. 30 Minuten) Holzchips auf der Glut (1), schließt die Deckellüftung um ein Viertel und los geht's. Je nach Geschmack dann weitere Holzchips nachlegen.
Beim Räuchern im Gasgrill wird eine spezielle Räucherbox benötigt, die auf die Aromaschienen des Grills gesetzt wird. Die Box befüllst du zunächst mit trockenen Holzchips und zündest sie an. Sobald sich ein dichter Rauch entwickelt, platzierst du die Box auf dem Grillrost. Danach legst du gewässerte Chips nach, die nicht gleich verbrennen, sondern ihr Aroma nach und nach entfalten und ans Grillgut abgeben.

1

2

MEINE 10 BESTEN AFTER-HOUR-SOS-TIPPS

falls doch mal etwas schiefgegangen oder unklar ist

>>> WAS MACHE ICH, WENN ES BRENNT?

Beim Holzkohlegrill die Deckellüftung für 10 Minuten komplett schließen. Die Anordnung der Kohle ändern, den Grillrost säubern und weitergrillen. Beim Gasgrill alle Regler auf null drehen, Deckel öffnen und bei sehr starkem Fettbrand die Gasflasche abschließen. Danach den Rost reinigen, die Tropfschale leeren und eventuell das Grillgut abtupfen, dann weitergrillen.

>>> MEIN GRILLGUT KLEBT AM GRILLROST, WAS TUN?

Sei geduldig. Wenn das Grillgut noch nicht ausreichend karamellisiert, der Grill aber noch heiß genug ist, einfach warten, das reicht eigentlich. Falls nicht, Gasgrill ausschalten, Deckel öffnen, abkühlen lassen. Sobald die Temperatur unter 140° fällt, löst sich das Grillgut meist von allein. Beim Holzkohlegrill den Deckel öffnen und den Rost so platzieren, dass das Grillgut über der indirekten Hitze liegt.

>>> AUSSEN DUNKEL, INNEN ROH – UND JETZT?

Von direkter zu indirekter Hitze wechseln und das Grillgut mit deutlich weniger Temperatur bis zum gewünschten Gargrad fertiggrillen.

>>> IST MEIN GRILLGUT WIRKLICH FERTIG?

Lies im Rezept nach und checke die dort angegebene Grillzeit. Verwende ein Fleischthermometer und prüfe die Kerntemperatur des Grillguts. Dann bist du auf der sicheren Seite.

>>> OH JE, ICH HABE VIEL ZU STARK GEWÜRZT!

Bei zu salzigem Grillgut kann man leider nur eines machen: alles neu. Rettungsversuche kosten nur Nerven und lösen geschmacklich keine Glücksgefühle mehr aus. Zu intensive Würzmischungen kannst du zwar vor dem Grillen mit einem Küchenpinsel abbürsten, nach dem Grillen hilft das allerdings nur bedingt. Da ist bereits eine Kruste entstanden und die Gewürze sind mit dem Grillgut verbunden.

>>> HILFE, ES SCHNEIT SCHWARZE FLOCKEN!

Das nennt man »karbonisiertes Fett«. Hier solltest du gleich nach dem Grillen gründlich den Deckel säubern, der bei der Reinigung des Grills gerne vergessen wird.

>>> DIE HITZE IST MAU, WAS IST DER GRUND?

Beim Grillen mit Kohle einfach noch einmal nachlegen, für 5–10 Minuten die Deckellüftung öffnen oder sogar den Deckel abnehmen. Auch darauf achten, dass die Lüftung im Kessel ebenfalls geöffnet ist. Beim Gasgrill sollten von Zeit zu Zeit die Brenner gereinigt oder der Druckregler überprüft werden.

>>> DER GRILL IST VIEL ZU HEISS, WIE KANN ICH DIE TEMPERATUR OPTIMIEREN?

Halte dich mit der Menge des Brennstoffs zurück. In der Regel reicht die halbe Befüllung des Anzündkamins mit Briketts oder Holzkohle, um Steaks plus Beilagen für vier Personen zu grillen. Beim Grillen mit dem Gasgrill entspricht das dem Öffnen des Gasventils um eine Vierteldrehung.

>>> DAS RÄUCHERN FUNKTIONIERT NICHT, WAS TUN?

Hast du die Holzchips auch lange genug eingeweicht (mind. 30 Minuten)? Nur dann können sie ihr Aroma nach und nach abgeben und verbrennen nicht sofort. Und nur dann setzen sie einen weichen milden Rauch frei. Hast du zum Einweichen Saft, Wein, Bier & Co. verwendet? Vielleicht war das zu zuckerhaltig? In diesem Fall könnte der Zucker beim Verbrennen sehr stark karamellisiert sein, was den Rauch bitter gemacht hat.

>>> SOLLTE MAN MIT ALUFOLIE GRILLEN?

Bitte nicht, zumindest nicht im direkten Kontakt! Salze und Säuren in und am Grillgut sorgen dafür, dass sich aus der Folie Aluminiumbestandteile lösen. Beim Marinieren und Warmhalten also lieber darauf verzichten. Während des Grillens, etwa bei Longjobs, einfach das Grillgut zuerst in Backpapier, dann in Alufolie wickeln.

RUBS, MARINADEN, LAKE

für aromareiches Grillgut

Für die Rubs die Zutaten in einem Mörser oder Blitzhacker mittelfein zermahlen, dann das Grillgut damit einreiben. Bis zur Verwendung luftdicht verpacken und trocken lagern. Jede Würzmischung reicht für ca. 1 kg Grillgut.

COLD ONION RUB: 1 TL schwarze Pfefferkörner • 1 EL grüne Pfefferkörner • 1 EL Meersalz • 1 EL getrockneter Rosmarin • 1 EL getrocknete Minze • 1 TL Knoblauchpulver • 1 EL Zwiebelpulver • 1/2 TL Chiliflocken >>> 1

COFFEE CAJUN RUB: 1 EL schwarze Pfefferkörner • 1 EL ganzer Fenchel • 1 EL edelsüßes Paprikapulver • 1 TL Zwiebelpulver • 1 TL getrockneter Oregano • 1 TL grobes Meersalz • 1 TL brauner Zucker • 8 Kaffeebohnen

BASIC RUB: 1 1/2 TL Meersalz • 1/2 TL brauner Zucker • 1 EL schwarze Pfefferkörner • 1/2 TL Knoblauchpulver • 1 TL edelsüßes Paprikapulver

HERBAL DUST: 1 1/2 TL Meersalz • 1 EL weiße Pfefferkörner • 1 EL Korianderkörner • 6 Wacholderbeeren • 1 EL Kräuter der Provence • 1 EL getrocknete Petersilie >>> 2

SPICY PAPRIKA: 1 EL Meersalz • 1 EL edelsüßes Paprikapulver • 1 EL Knoblauchpulver • 2 EL getrocknete Paprikaflocken • 1/2 TL Zimtpulver • 1 TL ganzer Kreuzkümmel >>> 3

LIME RUB: 1 EL Meersalz • 1 TL brauner Zucker • 6 getrocknete Kaffir-Limettenblätter • 1 EL Korianderkörner • Samen von 4 grünen Kardamomkapseln • 1 EL getrockneter Estragon

SWEET CHILI POWDER: 1 TL Meersalz • 1 EL brauner Zucker • 2 Stangen fein gehacktes getrocknetes Zitronengras • 1 EL Korianderkörner • 1 TL Chilipulver • 1 TL Zwiebelpulver

>>> 6

Für die Würzsaucen alle Zutaten miteinander verrühren und während des Grillvorgangs das Grillgut immer wieder damit einpinseln, bis die Sauce vollständig aufgebraucht ist. Jede Würzsauce reicht für 4–5 kg Grillgut.

AMERICAN FLAVOUR: 4 sehr fein gehackte Knoblauchzehen • 75 ml Apfelsaft • 50 ml Apfelessig • 50 ml Whiskey • 1 EL süßscharfe Chilisauce • 1 EL Senfpulver • 1 TL Meersalz • 1 TL Chilipulver >>> 4

AUSTRALIAN LOVE: 2 EL Bourbon • 75 ml Craft Beer • 100 ml Tomatensaft • 100 ml Rinderfond • 1 TL Senfpulver • 1 EL heller Rohrzucker • 1 TL Meersalz • 1 EL Knoblauchpulver • 1 TL Zwiebelpulver • 2 EL Apfelessig

INDIAN LIQUID: 6 geriebene junge Knoblauchzehen (samt Schale) • 1 EL geriebener Ingwer • 1 EL Tandooripaste • 250 ml Ananassaft • 3 EL Worcestersauce • 50 ml Malzessig • 1 EL roter Tabasco • 2 EL Garam Masala • 1 EL Meersalz • 2 EL Kokosblütenzucker

CHERRY LEMON: 2 fein gehackte rote Peperoni • 1 fein gehackte Stange Zitronengras • 80 g Sauerkirschen mit 120 ml Saft (Glas) • 200 ml Gemüsefond • 1 TL Meersalz • 50 ml Hoisin-Sauce • 1 EL Sojasauce • 2 EL Ahornsirup • 1/2 TL gemahlener Koriander >>> 5

>>> 4

>>> 5

Für Marinaden und Lake alle Zutaten miteinander verrühren und das Grillgut mind. 30 Minuten darin einlegen (besser noch über Nacht im Kühlschrank). Alles reicht jeweils für 1–1,5 kg Grillgut.

CHILIÖL: 1 fein gewürfelte rote Zwiebel • 1 fein gehackte Knoblauchzehe • 3 fein gehackte rote Chilischoten • 50 g fein gehackte getrocknete Tomaten (in Öl) • 1 TL Tomatenmark • 1 TL Meersalz • 1 EL Honig • Saft von 1 Limette • 1 Msp. Zimtpulver • 150 ml Sonnenblumenöl
>>> Nach dem Marinieren das Grillgut aus der Marinade nehmen, überschüssiges Öl abstreifen.

HOT ASIA STUFF: 1 Bund fein geschnittene Frühlingszwiebeln • 1/2 geriebene junge Knoblauchzehe (samt Schale) • 6 fein geschnittene rote Peperoni • 1 EL fein geriebener Ingwer • 100 ml Sojasauce • 75 ml Reiswein • 2 EL Reisweinessig • 50 ml Teriyaki-Sauce • 2 EL Sesamöl • 35 g Zucker
>>> Nach dem Marinieren das Grillgut aus der Marinade nehmen. Die Marinade während des Grillvorgangs auf die Hälfte einkochen, das Grillgut damit einstreichen oder als Sauce dazureichen. >>> 6

SOLE BRINE: 1,5 l Wasser • 350 ml helles Bier • 60 g Meersalz • 35 ml Kräuterlikör • 2 angedrückte Knoblauchzehen • 1/2 Bund Zitronenthymian
>>> Nach dem Einlegen das Grillgut aus der Salzlake nehmen und mind. 20 Minuten wässern, danach gut trocken tupfen und zum Grillen vorbereiten.

DRESSINGS, DIPS, SAUCEN

für noch mehr Würze

Ob Dressing, Dip oder Sauce – alles ist schnell gemacht und schmeckt einfach zum Fingerabschlecken. Gut verschlossen bis zur Verwendung im Kühlschrank aufbewahren. Haltbarkeit: bis zu 3 Tage.

Burgersauce (ca. 250 ml)

1 Zwiebel schälen und sehr klein würfeln. 2 EL Öl in einer Pfanne erhitzen. Darin die Zwiebel bei mittlerer Hitze in 12–15 Min. weich dünsten. Mit 1 Spritzer Zitronensaft ablöschen, salzen, auskühlen lassen. Dann mit 5 EL Mayonnaise, 2 EL Ketchup, 1 EL Gurkenrelish, 2 TL Senf, 1 TL Worcestersauce, 1 Spritzer rotem Tabasco und 1 TL Cognac vermischen. Alles mit dem Pürierstab fein pürieren. >>> 1

Honig-Senf-Dip (ca. 250 ml)

200 g Mangorelish (ersatzweise Mangofruchtfleisch nehmen) mit 2 EL Senf, 2 EL Honig und dem Saft von 1/2 Zitrone in einen hohen Rührbecher geben und mit dem Pürierstab fein pürieren. Mit Meersalz und Chilipulver abschmecken. >>> 2

Avocadomayonnaise (ca. 350 ml)

1/2 Avocado vom Kern befreien, schälen und grob würfeln. Mit 1 Ei, 1 TL Senf und dem Saft von 1/2 Zitrone in einen hohen Rührbecher geben. Mit Meersalz und Pfeffer würzen. Mithilfe eines Pürierstabs 200 ml Rapsöl (ersatzweise Sonnenblumenöl) zuerst tröpfchenweise, dann fließend einarbeiten. >>> 3

Spicy BBQ-Sauce (ca. 300 ml)

2 Zwiebeln und 2 Knoblauchzehen schälen und klein würfeln. 3 rote Peperoni waschen, entkernen und fein hacken. In einem kleinen Topf 6 EL Honig erhitzen. Darin die vorbereiteten Zutaten andünsten. 1 EL Tomatenmark, 1 TL Cayennepfeffer und 1 TL Zwiebelpulver dazugeben, kurz abbrennen lassen. Mit 150 ml Apfelwein und 2 EL Himbeeressig ablöschen. Bei mittlerer Hitze sirupartig einkochen. Mit Meersalz und Pfeffer würzen, 2 EL Melasse (Zuckerrübenkraut) und 100 g Ketchup unterrühren. Mit 1 TL Senf verfeinern. >>> 4

Currysauce (ca. 300 ml)

1 rote Zwiebel und 1 Knoblauchzehe schälen und fein würfeln. 2 EL Olivenöl in einem Topf erhitzen, Zwiebel und Knoblauch darin andünsten. 250 ml Tomatensaft, 75 ml Ketchup, 2 EL Tomatenmark, 45 ml Himbeeressig, 1 EL brauner Zucker, 2 EL Honig, 1 EL Currypulver, 1 EL edelsüßes Paprikapulver und 1 TL rosenscharfes Paprikapulver dazugeben. Alles 8–10 Min. bei mittlerer Hitze einkochen. Mit Meersalz abschmecken. >>> 5

Mais-Ricotta-Dip (ca. 350 ml)

1/2 rote Zwiebel schälen, 1 grüne Peperoni waschen und entkernen, beides fein würfeln. 100 g Maiskörner (aus der Dose) abtropfen lassen. Alles mit 200 g Ricotta und 50 g Joghurt verrühren und mit Meersalz und Chilipulver pikant abschmecken. >>> 6

Burrata-Dip (ca. 350 ml)

125 g Burrata (ersatzweise Mozzarella) grob würfeln und mit 150 g Kräuterfrischkäse, 1 fein geriebenen Knoblauchzehe, 2 EL Tomatenmark, 3 EL Olivenöl und 2 EL Estragonblättchen in einen hohen Rührbecher geben und mit einem Pürierstab fein pürieren. Mit Meersalz und Chilipulver abschmecken.

Thousand Island Dressing (ca. 350 ml)

100 g (Salat-)Mayonnaise mit 100 ml Gemüsefond, 50 g Ketchup, 50 g Joghurt und 1 EL Chilisauce verrühren. Das Dressing kräftig mit Meersalz und Chilipulver abschmecken. >>> 7

Bacon-Marmelade (ca. 450 ml)

200 g Frühstücksspeck (Bacon) vom Fett befreien und in kleine Würfel schneiden. 2 Zwiebeln schälen und ebenfalls klein würfeln. Den Speck in einer großen Pfanne knusprig auslassen, dann die Zwiebeln dazugeben und glasig dünsten. Mit 100 ml Ahornsirup und 2 EL Himbeeressig aufgießen und 6–8 Min. bei mittlerer Hitze einkochen. Dann 150 g Ketchup, 2 EL Melasse (Zuckerrübenkraut) und 1 EL Senf einrühren, kurz aufkochen lassen. Mit Meersalz und Pfeffer abschmecken.

Himbeer-Erdnuss-Vinaigrette (ca. 250 ml)

1 Schalotte schälen und klein würfeln. 1 rote Peperoni waschen, entkernen, fein hacken. 35 g Ingwer schälen und sehr fein reiben. 4 EL geröstete, gesalzene Erdnusskerne fein hacken. 80 g Himbeeren verlesen und falls nötig abbrausen. Alles mit 1 EL Erdnusscreme, 2 EL Honig, 50 ml Gemüsefond (ersatzweise Wasser oder milder Apfelsaft), 45 ml Himbeeressig und 80 ml Erdnussöl verrühren. Mit Meersalz und Pfeffer abschmecken. >>> 8

>>> 7

>>> 5

>>> 8

>>> 6

All we got

WENIGE ZUTATEN

Wenn du mal nicht die Zeit hast, lange am Grill zu stehen – hier verrate ich dir meine Tricks für eine clevere Vorbereitung, fixe Gewürzmischungen und Rezepte mit wenigen Zutaten.

GRILLEN
mit wenigen Zutaten

»AUCH WENN ES EINMAL SCHNELL GEHEN MUSS, KANN MAN SICH (IM HANDUMDREHEN) ETWAS RICHTIG GEILES UND GESUNDES ZUBEREITEN.«

Wie gesagt, wenn ich zu Hause bin, koche ich jeden Tag mindestens einmal. Natürlich habe ich nicht immer die Zeit oder die Lust, für mehrere Stunden am Grill zu stehen. Aber auch wenn es im Alltag mal schnell gehen muss, kann man sich im Handumdrehen etwas richtig Geiles und Gesundes zubereiten. Ich habe immer einige Frühlingszwiebeln, Paprika und anderes Gemüse im Kühlschrank, dazu ein Stück Hähnchen und fertig ist die Pfanne.

VORBEREITUNG

Außerdem gilt: Vorbereitung ist alles. Wenn ich zum Beispiel Pulled Pork zubereite, was bis zu 24 Stunden dauern kann, mache ich gleich mehrere Schweinenacken. Das zerrupfte Fleisch portioniere ich dann in Vakuumbeuteln und friere es ein. Wenn ein anderes Mal wenig Zeit ist, taue ich das gefrorene Pulled Pork im Wasserbad auf und es schmeckt wie frisch gegrillt.

DIE WICHTIGSTEN KRÄUTER

Gleiches gilt für Kräuter. Ich habe ein kleines Gewächshaus, wo ich neben Klassikern wie Petersilie, Schnittlauch, Dill, Oregano, Bärlauch, Minze, Salbei, Zitronengras oder Lorbeerblättern auch verrücktere Sachen wie Gyros- oder Cola-Kraut anpflanze. Im Herbst ernte ich alle Kräuter ab, hacke sie klein und friere sie für die Wintermonate ein. In meinem Garten wachsen sogar Radieschen, Möhren, Salatgurken, Zwiebeln und Tomaten. Schon witzig, mit 16 wusste ich nicht einmal, wie man ein Spiegelei zubereitet, und heute bin ich beinahe Selbstversorger.

GEWÜRZMISCHUNGEN

Am liebsten verwende ich nach Möglichkeit frische Zutaten. Ich habe in der Küche aber auch ein riesiges Gewürzregal, bei dessen Anblick ich selbst lachen muss. Es sieht aus wie in einer Shoppingmall, da kannst du die exotischsten Dinge entdecken, darunter auch Tonkabohne oder fermentierten Pfeffer, für viele so etwas wie der Kaviar unter den Gewürzen. Dabei besteht eine gute Basic-Gewürzmischung eigentlich nur aus wenigen Komponenten: herkömmlichem Pfeffer, Salz, Knoblauchpulver, Zwiebelpulver, Paprikapulver – mehr muss gar nicht sein.

FRENCH TOAST
mit Tomaten und Rucola

ZUBEREITEN: 15 MIN. | GRILLEN: 6 MIN.

FÜR 4 PERSONEN

40 g Rucola • 150 g Kirschtomaten • 75 ml Milch • 3 Eier • 50 g geriebener Cheddar • Pfeffer • 4 Scheiben Sandwicht-Toastbrot • 2 EL Olivenöl • Meersalz • 4 Scheiben luftgetrockneter Schinken

ZUBEHÖR: 1 gusseiserne Grillpfanne

1 Den Grill für mittlere direkte Hitze (mit Deckel, 160–180°) vorbereiten. Die Grillpfanne 10–12 Min. im Grill vorheizen.

2 Inzwischen Rucola waschen und trocken schleudern, Tomaten waschen und halbieren. Milch, Eier und Cheddar in einem hohen Rührbecher mit dem Pürierstab fein pürieren, pfeffern. Eiermilch in eine flache Form gießen und die Toasts darin wenden, bis die Flüssigkeit völlig aufgesogen ist.

3 Das Öl in der Grillpfanne erhitzen. Darin die French Toasts in 5–6 Min. goldbraun braten, dabei einmal wenden. Den Grill mit dem Deckel verschließen.

4 French Toasts halbieren und auf Teller verteilen. Mit dem Rucola und den Tomaten belegen, salzen und pfeffern. Zum Schluss noch die Schinkenscheiben locker darauf anrichten.

ROASTED CEREAL

mit Ahornsirup

ZUBEREITEN: 20 MIN. | GRILLEN: 5 MIN.

FÜR 4 PERSONEN

2 grüne Äpfel (z. B. Granny Smith, Klarapfel, Bolero) • 100 g kernige Haferflocken • 100 g kernige Dinkelflocken • 50 g Mandelblättchen • 50 g Kürbiskerne • 200 g Joghurt • 4 EL Ahornsirup

ZUBEHÖR: 1 gusseiserne Grillpfanne

1 Den Grill für mittlere direkte Hitze (mit Deckel, 160–180°) vorbereiten. Die Grillpfanne 10–12 Min. im Grill vorheizen.

2 Inzwischen die grünen Äpfel waschen und auf der Küchenreibe grob raspeln, bis nur noch das Kerngehäuse übrig bleibt.

3 Hafer- und Dinkelflocken, Mandelblättchen und die Kürbiskerne in die Pfanne geben und unter gelegentlichem Rühren in 4–5 Min. goldbraun rösten. Dabei den Grill mit dem Deckel verschließen.

4 Dann das Roasted Cereal auf Backpapier streuen und auskühlen lassen.

5 Das abgekühlte Roasted Cereal auf Schüsseln oder große weite Tassen verteilen. Die geraspelten Äpfel und den Joghurt dazugeben und alles mit dem Ahornsirup toppen.

PIZZA ROLL
mit buntem BBQ-Hack

ZUBEREITEN: 20 MIN. | GRILLEN: 35 MIN. | RUHEN: 8 MIN.

FÜR 4 PERSONEN

1/2 rote Paprika
1/2 grüne Paprika
2 grüne Peperoni
1 Zwiebel
1 Bund Petersilie
200 g Rinderhackfleisch
1 Pck. Pizzateig (400 g, ca. 36 x 24 cm, aus dem Kühlregal)
12 Scheiben Frühstücksspeck (Bacon)
Meersalz
50 g geriebener Gouda
3 EL Milch
1 Eigelb
80 ml BBQ-Sauce

AUSSERDEM:

Mehl zum Arbeiten

ZUBEHÖR:

1 Pizzastein

1 Den Grill für mittlere bis hohe indirekte Hitze (mit Deckel, 180–200°) vorbereiten.

2 Die beiden Paprikahälften und die Peperoni waschen, weiße Trennwände und Kerne entfernen. Alles in kleine Würfel schneiden. Zwiebel schälen und ebenfalls klein würfeln. Die Petersilie abbrausen und trocken schütteln, die Blättchen abzupfen und fein hacken. Das Hackfleisch mit den Händen in möglichst kleine Stücke zerbröseln.

3 Die Arbeitsfläche mit wenig Mehl bestreuen. Den Pizzateig entrollen, das Papier abziehen. Den Teig so drehen, dass eine der breiten Seiten nach vorn schaut.

4 Die Speckscheiben leicht überlappend auf den Pizzateig legen, dabei rundherum einen Rand von 2–3 cm frei lassen. Nun Hackfleisch, Paprika, Peperoni, Zwiebel und Petersilie auf den Speckscheiben verteilen. Mit Salz würzen und mit dem Gouda bestreuen. Den Teig von unten nach oben hin aufrollen und die Seitenränder andrücken.

5 Den Pizzastein in den Grill setzen und mit etwas Mehl bestäuben. Die Milch und das Eigelb verrühren. Die Pizzarolle mit der »Teignaht« nach unten auf den Pizzastein legen, mit der Eiermilch einpinseln. Die Pizzarolle 30–35 Min. grillen, dabei den Grill mit dem Deckel verschließen. Vor dem Aufschneiden noch 6–8 Min. ruhen lassen, dann mit der BBQ-Sauce servieren.

BEEF BREAD

mit Bacon, Tomate und Parmesan

ZUBEREITEN: 10 MIN. | GRILLEN: 9 MIN.

FÜR 4 PERSONEN

1 Tomate • 400 g Rinderhackfleisch • Meersalz • Pfeffer • 4 große Scheiben Bauernbrot (à 2 cm dick) • 3 EL weiche Butter • 8 Scheiben Frühstücksspeck (Bacon) • 4 EL geriebener Parmesan • ein paar Blättchen Basilikum

1 Den Grill für mittlere direkte Hitze (mit Deckel, 160-180°) vorbereiten.

2 Tomate waschen und den Stielansatz entfernen. Tomate in dünne Scheiben schneiden. Das Hackfleisch mit 1 TL Salz vermengen und mit Pfeffer kräftig abschmecken. Die Brotscheiben dünn mit 2 EL Butter bestreichen. Das Hackfleisch auf den Brotscheiben verteilen und mit der restlichen Butter (1 EL) einpinseln.

3 Die Beef Breads auf dem Rost mit der Brotseite nach unten 2-3 Min. grillen, damit die Butter gleichmäßig einziehen kann. Danach die Breads wenden und auf der Hackseite noch 5-6 Min. weitergrillen, zugleich den Bacon knusprig grillen. Dabei den Grill immer mit dem Deckel verschließen.

4 Die fertigen Brote mit Tomate, Bacon, Parmesan und Basilikum belegen und sofort servieren.

SANDWICH LOVE
vom Grill

ZUBEREITEN: 20 MIN.

FÜR 4 PERSONEN

12 Scheiben Frühstücksspeck (Bacon) • 1 rote Zwiebel • 1/4 Eisbergsalat • 1/4 Bio-Salatgurke • 4 Stängel Petersilie • 4 Baguette-Brötchen (ersatzweise Ciabatta-Brötchen) • 4 EL Schmand • 100 g geriebener Cheddar • 16 Scheiben Mini-Salami • 4 Scheiben Prosciutto cotto (Kochschinken) • 4 EL BBQ-Sauce

1 Den Grill für mittlere direkte Hitze (mit Deckel, 160–180°) vorbereiten.

2 Speck auf den Rost legen und in 4–6 Min. knusprig grillen, dabei einmal wenden. Den Speck vom Grill nehmen, auf einem Stück Küchenpapier entfetten.

3 Inzwischen die Zwiebel schälen und in dünne Ringe schneiden. Salat putzen, waschen und in 1 cm dicke Streifen schneiden. Die Salatgurke waschen und in 1/2 cm dicke Scheiben schneiden. Die Petersilie abbrausen, trocken schütteln und hacken.

4 Die Brötchen aufschneiden und mit den Schnittflächen nach unten auf den Rost legen. Brötchen so lange grillen, bis sich ein Grillmuster abzeichnet. Dabei den Grill mit dem Deckel verschließen.

5 Nun die Schnittflächen der unteren Brötchenhälften mit Schmand einstreichen und mit Cheddar bestreuen. Alle Brötchenhälften wieder auf den Rost legen – dieses Mal mit den ungebräunten Seiten nach unten – und so lange grillen, bis der Käse zu schmelzen beginnt. Vom Grill nehmen.

6 Die unteren Brötchenhälften mit Gurke, Salat, Salami, Prosciutto, Speck und Zwiebel belegen und mit Petersilie bestreuen. Schnittflächen der Brötchendeckel mit BBQ-Sauce einstreichen, auflegen.

SALSICCIA-GRÖSTL

mit Fenchel

ZUBEREITEN: 15 MIN. | GRILLEN: 21 MIN.

FÜR 4 PERSONEN

6 Salsiccie (à ca. 60 g)
2 rote Zwiebeln
2 Knoblauchzehen
2 rote Peperoni
1 Knolle Fenchel
300 g gekochte kleine Kartoffeln (vom Vortag, z. B. Bamberger Hörnchen oder Drillinge)
4 EL Olivenöl
100 g Speckwürfel
4 Stängel Petersilie
Meersalz

ZUBEHÖR:

1 gusseiserne Grillpfanne

1 Den Grill für mittlere indirekt und direkte Hitze (mit Deckel, 160-180°) vorbereiten. Die Grillpfanne 10-12 Min. im Grill vorheizen.

2 Inzwischen die Salsiccia der Länge nach einschneiden und das Brät aus dem Wurstdarm lösen. Zwiebeln und Knoblauch schälen und klein würfeln. Die Peperoni waschen, halbieren, weiße Trennwände und Kerne entfernen. Die Hälften fein würfeln. Den Fenchel waschen, vierteln und den Strunk herausschneiden. Die Fenchelviertel in 1/2 cm dicke Streifen schneiden. Die Kartoffeln pellen und in 1/2 cm dicke Scheiben schneiden.

3 Das Öl in der Grillpfanne erhitzen. Darin die Kartoffelscheiben und die Fenchelstreifen in 6-8 Min. goldbraun grillen. Dabei den Grill mit dem Deckel verschließen.

4 Dann die Speckwürfel und das Wurstbrät in die Pfanne geben und alles im geschlossenen Grill weitere 4-5 Min. grillen.

5 Zum Schluss die Zwiebeln, den Knoblauch und die Peperoni dazugeben und das Salsiccia-Gröstl im geschlossenen Grill in 6-8 Min. fertiggrillen. Dabei gelegentlich durchrühren.

6 Die Petersilie abbrausen, trocken schütteln und mitsamt Stängeln grob hacken. Das Gröstl mit Salz abschmecken und mit der Petersilie toppen.

REIS-KÜRBIS-BOWL

mit Hähnchenspießen

ZUBEREITEN: 15 MIN. | GRILLEN: 10 MIN.

FÜR 4 PERSONEN

FÜR DIE BOWL:

1 Zwiebel
1 rote Paprika
1/4 Hokkaido-Kürbis (ca. 250 g)
1/2 Zitrone
2 EL Erdnussöl
3 EL Sweet-Chili-Sauce
4 EL geröstete, gesalzene Erdnusskerne
300 g gekochter Jasminreis (vom Vortag)
4 Stängel Koriandergrün

FÜR DIE SPIESSE:

4 Hähnchenbrustfilets (à ca. 200 g)
2 EL Teriyaki-Sauce
2 EL Erdnussöl
2 EL Sesam (weißer und schwarzer gemischt)

ZUBEHÖR:

1 gusseiserner Wok
8 lange Holzspieße (à ca. 25 cm)

1 Den Grill für mittlere indirekte und direkte Hitze (mit Deckel, 160–180°) vorbereiten. Den Wok 10–12 Min. im Grill vorheizen. Die Holzspieße in ausreichend Wasser legen und vollsaugen lassen.

2 Inzwischen für die Bowl die Zwiebel schälen und klein würfeln. Die Paprika waschen, halbieren, weiße Trennwände und Kerne entfernen. Die Hälften in dünne Streifen schneiden. Den Hokkaido-Kürbis waschen, von den Kernen befreien und in dünne Scheiben hobeln. Die Zitrone auspressen.

3 Für die Spieße die Hähnchenfilets in 1 cm große Würfel schneiden. Die Filetwürfel mit Teriyaki-Sauce vermengen und auf die gewässerten Holzspieße stecken. Rundherum mit Öl einpinseln und mit Sesam bestreuen.

4 Die Spieße über der indirekten Hitze auf den Rost legen und im geschlossenen Grill 6–8 Min. grillen, dabei einmal wenden. Für die Bowl im Wok das Erdnussöl erhitzen. Darin Zwiebel, Paprika und Kürbis 1–2 Min. bei direkter Hitze anschwitzen, dann mit Sweet-Chili-Sauce und Zitronensaft ablöschen. Die Erdnüsse und den Reis untermischen und kurz miterhitzen.

5 Den Reis auf vorgewärmte Schüsseln verteilen. Die Hähnchenspieße in die Reis-Kürbis-Bowls stecken, mit dem Koriandergrün garnieren.

Rob's  Special

Für den Extra-Crunch Wildreis aufpoppen. Dafür Frittieröl ca. 1 cm hoch in einen breiten Topf mit Deckel füllen und auf 180° erhitzen. 6–8 EL Wildreis vorsichtig hineinschütten und aufpoppen lassen, dann auf Küchenpapier entfetten. Den Reis mit Meersalz würzen und über die Bowls streuen.

BBQ-SPAGHETTI

mit knusprigem Bacon

ZUBEREITEN: 25 MIN.

FÜR 4 PERSONEN

700 ml Rinderfond • 1 rote Zwiebel • 1 rote Knoblauchzehe • 2 Römersalatherzen • 4 Frühlingszwiebeln • 2 EL Ahornsirup • 250 g Spaghetti • 12 Scheiben Frühstücksspeck (Bacon) • 75 ml rauchige BBQ-Sauce

1 Den Grill für mittlere direkte Hitze (mit Deckel, 160–180°) vorbereiten.

2 Rinderfond in einem Topf aufkochen. Zwiebel und Knoblauch schälen, fein würfeln. Salat waschen, putzen und grob zerzupfen. Die Frühlingszwiebeln waschen, putzen und in Ringe schneiden.

3 Den Sirup in einer großen Pfanne auf dem Herd erhitzen. Darin Zwiebel und Knoblauch bei mittlerer Hitze andünsten. Nudeln dazugeben und kurz mitdünsten, dann 100 ml Fond dazugießen. Nun unter Rühren die Nudeln so lange köcheln lassen und mit Fond aufgießen, bis die Flüssigkeit aufgebraucht ist.

4 Zwischendurch den Speck auf den Rost legen und in 4–6 Min. knusprig grillen, dabei einmal wenden. Speck auf Küchenpapier entfetten, klein hacken.

5 Die Nudeln mit BBQ-Sauce und Salat auf tiefe Pastateller verteilen und alles locker vermischen. Mit Frühlingszwiebelringen und Bacon toppen.

DASHING DUMPLINGS

mit Heidelbeeren

ZUBEREITEN: 30 MIN. | **GRILLEN: 10 MIN.**

FÜR 4 PERSONEN

3 Brötchen (vom Vortag) • 2 Eier • 1 EL Sojasauce • 1 EL Blütenhonig • 75 ml Mandeldrink • 1 rote Peperoni • 4 Stängel Koriandergrün • 50 g (Wald-)Heidelbeeren • 2 EL Rapsöl

ZUBEHÖR: 1 Plancha

1 Die Brötchen in grobe Würfel schneiden und in eine große Schüssel geben. Die Eier mit Sojasauce, Honig und Mandeldrink verrühren und gleichmäßig über die Brötchenwürfel gießen.

2 Die Peperoni waschen, halbieren, weiße Trennwände und Kerne entfernen. Die Hälften fein würfeln. Koriander abbrausen, trocken schütteln und mitsamt Stängeln grob hacken. Heidelbeeren verlesen und abbrausen. Alles zu den Brötchen geben und gut vermischen. Die Masse abgedeckt ca. 20 Min. ziehen lassen.

3 Inzwischen den Grill für mittlere direkte Hitze (mit Deckel, 160–180°) vorbereiten. Die Plancha 10–12 Min. im Grill vorheizen.

4 Aus der Brötchenmasse mit angefeuchteten Händen acht gleich große Knödel formen. Das Öl auf die Plancha gießen und erhitzen. Darin die Knödel 8–10 Min. grillen, dabei gelegentlich wenden. Den Deckel des Grills schließen.

5 Kurz vor Grillzeitende (2–3 Min. vorher) die Knödel noch mit einem Pfannenwender platt drücken und dann fertiggrillen. Perfekt schmeckt dazu eine fruchtige Tomaten-Avocado-Mango-Salsa und mehr Koriander. Du kannst die Dashing Dumplings aber mit allem toppen, was dir einfällt: Käse …

WURST-KARTOFFEL-SPIESSE
mit Paprika-Käse-Sauce

ZUBEREITEN: 25 MIN.

FÜR 4 PERSONEN

FÜR DIE SPIESSE:
4 frische Bratwürste
400 g gekochte kleine Kartoffeln (vom Vortag, z. B. Bamberger Hörnchen oder Drillinge)
12 Scheiben Frühstücksspeck (Bacon)
2 EL Herbal Dust Rub (siehe S. 26)

FÜR DIE SAUCE:
1 rote Zwiebel
1 grüne Paprika
1 grüne Peperoni
2 EL Olivenöl
250 g Sahne
80 g geriebener Käse (3 verschiedene Sorten, z. B. Cheddar, Emmentaler und Mozzarella)

ZUBEHÖR:
4 lange Metallspieße (à 26–30 cm)
1 feuerfester Topf

1 Den Grill für mittlere bis hohe direkte Hitze (mit Deckel, 180–200°) vorbereiten.

2 Für die Spieße jede Bratwurst in 3–4 gleich große Stücke schneiden. Die Kartoffeln pellen und je nach Größe ganz lassen, halbieren oder dritteln. Beides abwechselnd auf die Spieße stecken. Jeden Spieß mit 3 Frühstücksspeckscheiben locker umwickeln und mit dem Herbal Dust Rub bestreuen.

3 Für die Sauce die Zwiebel schälen und in kleine Würfel schneiden. Die Paprika und die Peperoni waschen, halbieren, weiße Trennwände und Kerne entfernen. Die Hälften ebenfalls klein würfeln.

4 Die Wurst-Kartoffel-Spieße auf den Rost legen und 8–10 Min. grillen, dabei gelegentlich wenden. Das Öl im Topf erhitzen. Darin Zwiebel, Paprika und Peperoni 2–3 Min. andünsten. Mit der Sahne ablöschen und aufkochen, dann den Käse unterrühren. Vom Grill nehmen und kurz abkühlen lassen.

5 Zum Servieren die Wurst-Kartoffel-Spieße vom Rost nehmen und auf Teller verteilen. Die Paprika-Käse-Sauce dazu reichen.

Oxygen

FESTIVAL-FOOD

Grillen ist für mich ein Stück Heimat. In diesem Kapitel teile ich mit dir Backstage-Einblicke in mein Leben auf Tour sowie Rezepte für mein Lieblings-Festivalfood.

AUF TOUR

Snacks für zwischendurch

Flughafen, Hotel, Club – und das Gleiche wieder von vorn. So sehen meine Tage aus, wenn ich auf Tour bin. Bei bis zu 240 Shows pro Jahr und durchaus auch mal drei Gigs an einem Abend kann das Touring wirklich sehr, sehr anstrengend sein. Vor einem Auftritt kann ich überhaupt nichts essen, dafür bin ich viel zu aufgeregt. Außerdem würde dann prompt das Schnitzeltief folgen und ein Rumspringen wäre für mich nicht denkbar. Das kann ich mir nicht leisten, ich will schließlich abliefern. Während andere DJ-Kollegen auf ihrem Rider, also den vertraglich festgehaltenen Wünschen eines Künstlers an den Veranstalter, durchaus mal 18 Torten stehen haben, sieht meiner vergleichsweise unspektakulär aus: Pizza, Spaghetti bolognese und Drinks. Sowie ein Fußballtrikot von der jeweiligen Stadt oder dem Land, in dem ich gerade bin.

MEIN TOURALLTAG

Und wenn ich dann morgens vom Club in das Hotel komme, gibt es da auf der ganzen Welt gefühlt auch immer das Gleiche: Pasta, Burger, Clubsandwich oder Suppe. Auf Tour ernähre ich mich also leider vorrangig von Fast Food, meine Leidenschaft fürs Essen und Kochen kann ich nur zu Hause wirklich ausleben.

››› Gewürze, Zubereitungsarten – ich sammle auf der ganzen Welt Inspirationen für zu Hause.

KULINARISCHE HIGHLIGHTS

Falls ich vor Ort mal einen Off-Day habe, nutze ich die Chance und gehe fein essen. In Bangkok war ich mal im Restaurant von Gaggan Anand, den ich aus der Netflix-Show »Chef's Table« kannte. Nachdem wir ein 25-Gänge-Menü gegessen hatten, ging plötzlich eine versteckte Tür auf und der Chefkoch höchstpersönlich stand vor mir, um mich zu überraschen. Das hatte jemand aus meinem Team organisiert, das war cool.

BESTES BBQ DER STADT

Natürlich informiere ich mich vorher immer, wo es das beste BBQ der Stadt gibt. Wenn ich es zeitlich irgendwie hinbekomme, geht's da vorbei. Ich entdecke in anderen Ländern laufend neue Gewürze oder Zubereitungsarten, die mich inspirieren. Aber manchmal bin ich auch am anderen Ende der Welt und vermisse eine Currywurst oder 'nen geilen Döner. Oder richtig gutes Brot und Aufschnitt. Selberkochen bedeutet für mich auf jeden Fall ein Stück Heimat.

ENERGIE TANKEN

Es gab übrigens eine Zeit, in der ich ein Jahr lang komplett Detox gemacht habe. Da standen im Backstage ein Mixer, Blattspinat und Früchte – und vor jeder Show gab es einen Smoothie. Das war eine interessante Phase, aber sie musste sein, das Reisen verlangt einem einiges ab. Zum Glück bin ich aufmerksam und kenne meinen Körper inzwischen richtig gut, sodass ich merke, was er braucht. Wenn ich nach einer Tour nach Hause komme, mache ich darum nach Möglichkeit überhaupt nichts. Ich hänge dann viel auf dem Sofa rum und schaue Filme, chille in der Badewanne oder im Whirlpool, zwischendurch koche und grille ich. Ich muss jetzt dringend Energie tanken und meinem Körper die Chance geben, sich zu regenerieren. Das klappt, indem ich runterkomme und relaxe, mir eine Auszeit und selbst gemachtes Essen mit wichtigen Nährstoffen und Vitaminen gönne. Damit Kopf und Körper wieder frisch werden für die nächste Tour.

»ICH MERKE, WAS MEIN KÖRPER BRAUCHT. GUTES ESSEN HILFT MIR, FÜR MEINE TOUREN OPTIMAL VORBEREITET ZU SEIN.«

BREAKFAST BURGER
mit Schweinemett

ZUBEREITEN: 20 MIN. | GRILLEN: 19 MIN.

FÜR 4 PERSONEN

2 rote Zwiebeln
600 g Schweinemett
1/2 Rezept Cold Onion Rub (siehe S. 26)
6 EL Olivenöl
4 Scheiben Cheddar
8 Scheiben Frühstücksspeck (Bacon)
4 Eier (M)
Meersalz
Pfeffer
4 Toasties
2 EL weiche Butter
4 EL Kirschkonfitüre

ZUBEHÖR:
1 gusseiserne Grillpfanne

1. Den Grill für mittlere direkte Hitze (mit Deckel, 160–180°) vorbereiten. Die Grillpfanne 10–12 Min. im Grill vorheizen.

2. Inzwischen Zwiebeln schälen, halbieren und in dünne Streifen schneiden. Das Schweinemett mit dem Rub würzen, zu vier gleich großen Pattys formen und mit 3 EL Olivenöl einreiben.

3. In der Pfanne übriges Öl (3 EL) erhitzen. Darin die Zwiebeln unter gelegentlichem Rühren 12–15 Min. grillen. Die Pattys neben der Pfanne auf den Rost legen und 6–8 Min. grillen. Nach der Hälfte der Grillzeit Pattys wenden, mit Käse belegen und fertiggrillen. Den Bacon ebenfalls auf den Grill geben und knusprig grillen. Dabei den Grill immer mit dem Deckel verschließen.

4. Die fertig gegrillten Zwiebeln aus der Pfanne heben und in eine Schüssel umfüllen. Die Eier in die heiße Pfanne aufschlagen und in 3–4 Min. zu Spiegeleiern braten. Mit Salz und Pfeffer würzen.

5. Die Toasties aufschneiden und die Schnittflächen mit Butter einstreichen. Die Toastie-Hälften zuerst auf der ungebutterten Seite 1–2 Min. grillen, dann wenden und auch die gebutterte Seite 1–2 Min. grillen.

6. Zum Servieren die Toastie-Böden auf Teller legen und mit der Konfitüre einstreichen. Die Zwiebeln darauf verteilen. Mit Patty, Bacon und Spiegeleiern toppen und mit den Toastie-Deckeln abschließen.

ONION BOMBS
mit Käse-Nacho-Crunch

ZUBEREITEN: 20 MIN.

GRILLEN: 20 MIN.

FÜR 4 PERSONEN

2 rote Zwiebeln
150 g braune Champignons
4 Stängel Petersilie
200 g Rinderhackfleisch
1 EL Teriyaki-Sauce
Meersalz
Chilipulver
60 g Emmentaler
12 Scheiben Frühstücksspeck (Bacon)
2 EL Butter
150 ml Rinderfond
100 ml BBQ-Sauce
200 g Käse-Nachos

ZUBEHÖR:

1 gusseiserne Grillpfanne

1 Den Grill für mittlere direkte Hitze (mit Deckel, 160–180°) vorbereiten. Die Grillpfanne 10–12 Min. im Grill vorheizen.

2 Inzwischen die Zwiebeln schälen, quer halbieren und aus jeder Hälfte etwa zwei Drittel des Inneren herauslösen. Abschnitte in kleine Würfel schneiden und beiseitelegen. Champignons putzen und in dünne Scheiben schneiden. Petersilie abbrausen, trocken schütteln und mitsamt Stängeln grob hacken.

3 Das Rinderhackfleisch mit Teriyaki-Sauce, Salz und Chili würzen. Den Käse klein würfeln und unter das Hackfleisch mengen. Die Hackmasse zu vier gleich großen Kugeln formen. Je eine Hackkugel in 1 Zwiebelhälfte füllen und mit der anderen Zwiebelhälfte abdecken, gut andrücken. Jede Onion Bomb mit 3 Speckscheiben umwickeln.

4 Die Butter in der Pfanne schmelzen. Darin die Onion Bombs rundherum 1–2 Min. angrillen, danach herausnehmen. Die Zwiebelabschnitte und die Pilze in die Pfanne geben und in 2–3 Min. goldbraun anbraten. Mit Fond ablöschen und die BBQ-Sauce einrühren.

5 Die Temperatur auf 140–160° reduzieren, die Onion Bombs in die Sauce legen und 12–15 Min. grillen, bis Zwiebeln und Hack gar sind. Dabei immer wieder mit der Sauce einpinseln.

6 Kurz vor Grillzeitende (2–3 Min.) die Käse-Nachos grob zerbröseln und zusammen mit der Petersilie über die Onion Bombs streuen.

SÜSSKARTOFFEL-FRITTEN

»Dripping Style«

ZUBEREITEN: 35 MIN.

FÜR 4 PERSONEN

FÜR DIE SALSA:
2 Tomaten
2 junge Knoblauchzehen
1/2 Bund Frühlingszwiebeln
1/2 Zitrone
Meersalz
Pfeffer

FÜR DIE FRITTEN:
800 g Süßkartoffeln
2 Eier
3 EL Sojasauce
100 g Maisgrieß
5 EL Öl

FÜR DIE SAUCE:
200 g Butter
1/2 Zitrone
1 Ei
2 Eigelb
Meersalz
Pfeffer

ZUBEHÖR:
1 Plancha
1 feuerfester Topf

1 Den Grill für mittlere indirekte und direkte Hitze (mit Deckel, 160–180°) vorbereiten. Die Plancha 10–12 Min. im Grill vorheizen.

2 Inzwischen für die Salsa die Tomaten waschen, Stielansätze entfernen. Die Tomaten klein würfeln. Knoblauch waschen und samt zarter Schale fein hacken. Frühlingszwiebeln waschen, putzen und in dünne Ringe schneiden. Saft der Zitrone auspressen. Alles vermengen, mit Salz und Pfeffer würzen.

3 Für die Fritten die Süßkartoffeln schälen und der Länge nach in fingerdicke Stifte schneiden. Die Eier mit der Sojasauce verquirlen. Maisgrieß in eine weite Schüssel geben. Die Süßkartoffelstifte zuerst in die Eiermischung tauchen, dann gründlich abtropfen lassen und im Grieß wälzen.

4 Für die Sauce die Butter in den Topf geben und auf dem Grill schmelzen und kräftig aufschäumen lassen. Vom Grill nehmen und kurz stehen und etwas abkühlen lassen. Danach die Molke abschöpfen und beiseitestellen, geklärte Butter in eine Schüssel gießen. Den Saft der Zitrone auspressen.

5 Das Öl auf der Plancha verteilen und erhitzen. Die Süßkartoffelstifte auf die Plancha geben und 10–12 Min. grillen, dabei gelegentlich wenden.

6 Inzwischen für die Sauce Zitronensaft, Ei und Eigelbe in den Topf geben, salzen und pfeffern. Mit dem Schneebesen auf dem Grill in 2–3 Min. dickschaumig aufschlagen. Sobald die Masse zu stocken beginnt, Topf vom Grill nehmen. Die Butter zuerst tröpfchenweise, dann fließend einlaufen lassen.

7 Zum Servieren die Süßkartoffel-Fritten auf Teller verteilen und mit der Molke toppen. Mit Salz und Pfeffer würzen und die Buttersauce darübergießen. Mit der Tomatensalsa verfeinern.

FINGER LICK PIZZA
mit Büffelmozzarella

ZUBEREITEN: 1 STD. 15 MIN. | GRILLEN: 32 MIN.

FÜR 4 PERSONEN

FÜR DEN TEIG:
42 g frische Hefe
1 EL Zucker
800 g Mehl (plus etwas mehr zum Arbeiten)
1 EL Salz
50 ml Olivenöl

FÜR DEN BELAG:
1 Zwiebel
2 Knoblauchzehen
1 Handvoll gemischte Kräuter (z. B. Rosmarin, Thymian, Oregano, Basilikum)
125 g Büffel-Mozzarella
150 g Kirschtomaten
1 EL Tomatenmark
400 g passierte Tomaten
Meersalz
Pfeffer
50 g italien. Salami (in dünnen Scheiben)

ZUBEHÖR:
1 Pizzastein

1 Für den Teig die Hefe in eine Rührschüssel bröckeln, 400 ml lauwarmes Wasser und den Zucker dazugeben. Den Ansatz so lange verrühren, bis sich Zucker und Hefe vollständig aufgelöst haben. Danach Mehl, Salz und Öl dazugeben und alles mit dem Knethaken der Küchenmaschine zu einem weichen, elastischen Pizzateig verkneten. Abdecken und 1 Std. bei Raumtemperatur gehen lassen.

2 Inzwischen für den Belag die Zwiebel und den Knoblauch schälen und in dünne Streifen schneiden. Die Kräuter abbrausen und trocken schütteln, die Blättchen abzupfen und grob hacken. Mozzarella in Stücke zupfen, die Kirschtomaten waschen und halbieren, vierteln oder in Scheiben schneiden.

3 Die Hälfte der Zwiebel- und Knoblauchstreifen mit etwa zwei Dritteln der gehackten Kräuter, Tomatenmark und passierten Tomaten in einen hohen Rührbecher geben. Alles mit dem Pürierstab zu einer cremigen Sauce pürieren. Mit Salz und Pfeffer pikant würzen.

4 Den Grill für hohe indirekte Hitze (mit Deckel, 220–240°) vorbereiten. Den Pizzastein 10–12 Min. im Grill vorheizen.

5 Währenddessen den Teig vierteln und jede Portion zu einer Kugel formen. Die Teigkugeln nacheinander auf der bemehlten Arbeitsfläche zu runden Pizzafladen (à ca. 30 cm Ø) ausrollen. Pizzafladen mit der Tomatensauce bestreichen und mit restlichen Zwiebel- und Knoblauchstreifen, Salami, Kirschtomaten und Mozzarella belegen.

6 Die Pizzen nacheinander auf den Pizzastein legen und im geschlossenen Grill in 6–8 Min. knusprig grillen. Dann mit den übrigen Kräutern toppen.

TACO SHELLS
mit fruchtigem Garnelen-Mix

ZUBEREITEN: 30 MIN.

FÜR 4 PERSONEN

1 Mango
1 Passionsfrucht
1/4 Bio-Salatgurke
2 Tomaten
1/2 Bund Koriandergrün
4 junge Knoblauchzehen
12 rohe Black-Tiger-Garnelen (ohne Kopf, aber mit Schale, easy peel)
Meersalz
6 EL Olivenöl
2 EL Honig
Pfeffer
1 Handvoll Rucola
8 Tacoschalen
4 EL Burgersauce (siehe S. 28)

1 Den Grill für mittlere bis hohe direkte Hitze (mit Deckel, 180–200°) vorbereiten.

2 Die Mango schälen und das Fruchtfleisch in ca. 1 cm dicken Scheiben vom Kern schneiden, dann würfeln. Die Passionsfrucht halbieren, Fruchtfleisch und -saft aus der Schale löffeln. Die Salatgurke waschen, der Länge nach vierteln und in kleine Stücke schneiden. Die Tomaten waschen, Stielansätze entfernen. Die Tomaten klein würfeln. Koriandergrün abbrausen, trocken schütteln und mitsamt Stängeln fein hacken. Den Knoblauch waschen und samt zarter Schale fein hacken. Alles in eine Schüssel geben.

3 Die Garnelen abbrausen, trocken tupfen, salzen und mit 2 EL Olivenöl vermengen. Garnelen auf den Rost legen und 4–6 Min. grillen, dabei einmal wenden. Den Grill mit dem Deckel verschließen.

4 Inzwischen den Mango-Gurken-Tomaten-Mix mit Honig und restlichem Olivenöl (4 EL) vermengen. Mit Salz und Pfeffer würzen. Fertige Garnelen vom Grill nehmen, kurz abkühlen lassen, dann schälen und in 1 cm kleine Stücke schneiden. Die Garnelen unter den fruchtigen Mix mischen.

5 Den Rucola verlesen, abbrausen und trocken schütteln. Die Hälfte des Rucolas in die Tacoschalen füllen. Den Garnelen-Mix und die Burgersauce darauf verteilen und mit dem übrigen Rucola abschließen.

PANCAKE ROLLS
mit buntem Geflügelhack

ZUBEREITEN: 40 MIN.

FÜR 4 PERSONEN

FÜR DIE PANCAKES:
250 g Mehl
1 Ei (M)
100 ml Milch
Meersalz
2 Prisen Chilipulver
4 EL Rapsöl

FÜR DIE FÜLLUNG:
1 rote Zwiebel
1 Knoblauchzehe
1 Tomate
1 Avocado
1 Baby-Ananas
1 Handvoll Baby-Blattspinat
2 EL Olivenöl
300 g Geflügelhackfleisch (vom Metzger vorbereiten lassen)
Meersalz
2 Prisen Chilipulver
8 EL Honig-Senf-Dip (siehe S. 28)

ZUBEHÖR:
1 gusseiserne Grillpfanne

1 Den Grill für mittlere bis hohe indirekte und direkte Hitze (mit Deckel, 180–200°) vorbereiten. Die Grillpfanne 10–12 Min. im Grill vorheizen.

2 Inzwischen für die Pancakes das Mehl mit dem Ei und der Milch in einen hohen Rührbecher geben und mit dem Pürierstab zu einem glatten Teig verarbeiten. Mit Salz und Chili würzen.

3 Für die Füllung die Zwiebel und den Knoblauch schälen und fein hacken. Tomate waschen und Stielansatz entfernen. Die Tomate klein würfeln. Die Avocado längs halbieren und entkernen. Das Fruchtfleisch mit einem Esslöffel aus der Schale lösen und quer in 1/2 cm dicke Scheiben schneiden. Von der Ananas den Strunk und den Schopf abschneiden. Die Ananas schälen, längs vierteln und quer in 1/2 cm dicke Scheiben schneiden. Den Spinat abbrausen und trocken schleudern.

4 In der Pfanne 1 EL Rapsöl erhitzen. Ein Viertel des Teiges hineingießen und 2–3 Min. im geschlossenen Grill backen, dabei einmal wenden. Fertigen Pancake aus der Pfanne nehmen und zwischen Küchenpapier legen. Aus dem übrigen Teig wie beschrieben drei weitere Pancakes zubereiten.

5 Dann in der Pfanne das Olivenöl erhitzen. Darin das Hackfleisch 4–5 Min. anbraten, dabei immer wieder umrühren und den Grill mit dem Deckel verschließen. Zwiebel und Knoblauch dazugeben, weitere 2–3 Min. mitbraten. Mit Salz und Chili würzen. Vom Grill nehmen und leicht abkühlen lassen.

6 Jeden Pancake mit Hackfleisch, Tomate, Avocado, Ananas, Blattspinat und 2 EL Honig-Senf-Dip belegen, dabei rundherum einen kleinen Rand frei lassen. Dann die Pancakes von unten nach oben aufrollen, halbieren und falls nötig bei indirekter Hitze im geschlossenen Grill 2–3 Min. erwärmen.

CHICKEN NUGGETS
mit Coffee Cajun Rub

ZUBEREITEN: 15 MIN. | MARINIEREN: 30 MIN. | GRILLEN: 8 MIN.

FÜR 4 PERSONEN

600 g (Mais-)Hähnchenbrustfilets • 1/2 Rezept Coffee Cajun Rub (siehe S. 26) • 1 Ei • 50 ml Geflügelfond • 1/2 Zitrone • 1 EL Worcestersauce • 100 g Maismehl • 150 g Panko • 6 EL Öl • 2 Handvoll Baby-Salat-Mix • 200 g Maiskörner (Dose) • Meersalz • Pfeffer

ZUBEHÖR: 1 gusseiserne Grillpfanne

1 Die Hähnchenbrustfilets in 3–4 cm große Stücke schneiden und gründlich mit dem Rub vermengen. Abgedeckt ca. 30 Min. im Kühlschrank marinieren. Den Grill für mittlere bis hohe direkte Hitze (mit Deckel, 180–200°) vorbereiten. Die Grillpfanne 10–12 Min. im Grill vorheizen.

2 Das Ei mit dem Fond verrühren. Die Zitrone auspressen, die Filetstücke mit Worcestersauce und Zitronensaft vermengen. Dann die Filetstücke zuerst im Maismehl, anschließend im Ei und zum Schluss in den Panko-Bröseln wenden.

3 Das Öl in der Pfanne erhitzen. Darin die Hähnchen-Nuggets 6–8 Min. ausbacken. Dabei einmal wenden und den Grill geschlossen halten. Den Salat-Mix mit den Maiskörnern vermischen, salzen, pfeffern und auf Teller verteilen. Die Hähnchen-Nuggets daraufsetzen. Dazu schmeckt eine Aioli zum Dippen.

CHICKEN KABOB

mit Mangosalsa und Melisse

ZUBEREITEN: 20 MIN. | GRILLEN: 25 MIN.

FÜR 4 PERSONEN

1,5 kg Hähnchenkeulen • 4 junge Knoblauchzehen • 2 grüne Peperoni • 4 EL Öl • Meersalz • 1/2 Mango • 1/2 Limette • 1 EL Honig • 4 Stängel Zitronenmelisse

ZUBEHÖR: 4 lange Metallspieße (à 26–30 cm) • 1 Fleischthermometer

1 Den Grill für mittlere bis hohe indirekte Hitze (mit Deckel, 180–200°) vorbereiten.

2 Die Hähnchenkeulen von der Haut befreien, das Fleisch von den Knochen schneiden und alle überschüssigen Sehnen entfernen. Das Hähnchenfleisch in ca. 3 cm große Würfel schneiden und in eine Schüssel geben.

3 Den Knoblauch waschen und samt zarter Schale fein hacken. Peperoni waschen, halbieren, weiße Trennwände und Kerne entfernen. Die Hälften fein würfeln. Beides mit dem Öl und 1 TL Meersalz zum Fleisch geben und alles gründlich vermengen. Die Fleischwürfel auf die Spieße stecken.

4 Die Chicken-Kabob-Spieße auf den Rost legen und 20–25 Min. grillen (Kerntemperatur 76–78°), dabei nach der Hälfte der Grillzeit wenden. Den Grill mit dem Deckel verschließen.

5 Für die Salsa die Mango schälen und das Fruchtfleisch in groben Stücken vom Kern schneiden, dann in einen hohen Rührbecher geben. Limette auspressen und den Saft mit dem Honig zur Mango geben. Melisse abbrausen, trocken schütteln, mitsamt Stängeln grob hacken und ebenfalls dazugeben. Alles mit dem Pürierstab fein pürieren. Fertige Chicken Kabob mit der Mangosalsa toppen.

KARTOFFELSTAMPF
mit Smoked-BBQ-Bolognese

ZUBEREITEN: 1 STD. | WÄSSERN: 30 MIN.

FÜR 4 PERSONEN

FÜR DIE BOLOGNESE:
600 g Rinderhackfleisch
1 Zwiebel • 2 Knoblauchzehen
1 Zweig Thymian
1 Stängel Basilikum
3 EL Olivenöl
200 ml Rinderfond
400 ml passierte Tomaten
4 EL Spicy BBQ-Sauce
(siehe S. 28)

FÜR DEN STAMPF:
800 mehligkochende Kartoffeln (bereits gegart, möglichst noch warm)
150 ml Milch
100 g Crème fraîche
Meersalz • Pfeffer
50 g geriebener Käse
2 Frühlingszwiebeln

ZUBEHÖR:
3 Handvoll Räucherchips (z. B. Apfel, Kirsche, Pfirsich)
1 gusseiserner Dutchoven
1 Räucherbox
1 feuerfester Topf

1 Die Räucherchips in einer Schüssel mit ausreichend Wasser bedecken und mind. 30 Min. wässern, dann abgießen und gut abtropfen lassen. Den Grill für niedrige bis mittlere indirekte Hitze (mit Deckel, 140–160°) vorbereiten.

2 Für die Bolognese das Rinderhackfleisch in den Dutchoven bröseln und auf den Grill stellen. Die Räucherchips auf der Glut verteilen, beim Gasgrill eine Räucherbox verwenden. Das Hackfleisch im geschlossenen Grill 10–15 Min. indirekt räuchern.

3 Inzwischen Zwiebel und Knoblauch schälen und fein würfeln. Die Kräuter abbrausen und trocken schütteln, die Blättchen abzupfen und grob hacken.

4 Den Grill für mittlere bis hohe direkte Hitze (mit Deckel, 200–220°) vorbereiten. Den Dutchoven über der direkten Hitze platzieren. Öl dazugeben und das Hack unter Rühren Farbe nehmen lassen. Zwiebel, Knoblauch und Kräuter untermischen, kurz mitgaren. Mit Fond ablöschen, die passierten Tomaten dazugießen und die BBQ-Sauce unterrühren.

5 Die Temperatur deutlich reduzieren und den Grill für niedrige indirekte und direkte Hitze (mit Deckel, ca. 120°) vorbereiten. Die Bolognese jetzt 15 Min. über der indirekten Hitze ziehen lassen.

6 Inzwischen für den Stampf Kartoffeln pellen und mit einer Gabel grob zerdrücken. Milch und Crème fraîche in den Topf geben und bei direkter Hitze erwärmen. Salzen und pfeffern, Kartoffeln und Käse untermischen, warm stellen (am Grillrand). Frühlingszwiebeln waschen, putzen, fein schneiden.

7 Den Kartoffelstampf auf Schüsseln oder tiefe Teller verteilen. Die Smoked-BBQ-Bolognese darauf anrichten und mit den Frühlingszwiebeln toppen.

FRIED ZUCCHINI

mit feuriger Chipotle-Sauce

ZUBEREITEN: 45 MIN. | **WÄSSERN: 30 MIN.**

FÜR 4 PERSONEN

FÜR DIE SAUCE:

2 grüne Paprika
3 Jalapeños
50 ml passierte Tomaten
2 EL Honig
3 EL Ketchup
1 EL Senf
100 g Mayonnaise
Meersalz

FÜR DIE ZUCCHINI:

2 Zucchini (à ca. 300 g)
2 EL Sojasauce
2 Eier (M)
50 ml Gemüsefond
50 g Maismehl
150 g Panko
600 ml Frittieröl zum Ausbacken
Meersalz
2 Stängel Petersilie

ZUBEHÖR:

3 Handvoll Räucherchips (z. B. Apfel, Kirsche, Pfirsich)
1 Räucherbox

1 Die Räucherchips in einer Schüssel mit ausreichend Wasser bedecken und mind. 30 Min. wässern, dann abgießen und gut abtropfen lassen. Den Grill für niedrige bis mittlere indirekte Hitze (mit Deckel, 140–160°) vorbereiten.

2 Für die Sauce die Paprika waschen und vierteln, weiße Trennwände und Kerne entfernen. Die Jalapeños waschen. Beides auf den Rost legen. Die Räucherchips auf der Glut verteilen, beim Gasgrill eine Räucherbox verwenden. Die Schoten im geschlossenen Grill 15–20 Min. indirekt räuchern.

3 Inzwischen die Zucchini waschen, putzen und in fingerdicke Scheiben schneiden. Die Zucchinischeiben mit der Sojasauce vermischen. In einem tiefen Teller die Eier mit dem Fond verquirlen. Das Maismehl und die Panko-Brösel jeweils in einen weiteren tiefen Teller geben. Die Zucchinischeiben zuerst im Mehl, dann im Ei und zum Schluss in den Bröseln wenden.

4 Frittieröl in einem weiten Topf auf der Herdplatte auf 160–175° erhitzen. Zum Überprüfen der Temperatur ein Holzstäbchen in das heiße Öl tauchen. Entstehen sofort Bläschen, passt die Hitze und es kann frittiert werden.

5 Fertige Paprika und Jalapeños vom Grill nehmen, etwas abkühlen lassen und in kleine Würfel schneiden. Passierte Tomaten, Honig, Ketchup, Senf und die Mayonnaise in einen hohen Rührbecher geben und mit dem Pürierstab durchmixen. Die Paprika- und Jalapeñowürfel unterrühren, Chipotle-Sauce mit Salz abschmecken.

6 Panierte Zucchini in das Frittieröl geben und in 6–8 Min. knusprig ausbacken. Mit dem Schaumlöffel herausheben und auf Küchenpapier entfetten, salzen. Die Fried Zucchini auf einer Platte verteilen. Petersilie abbrausen, trocken schütteln, hacken und darüberstreuen. Die Sauce dazu reichen.

CHICK 'N' CHIPS

mit roter Zwiebel und Himbeeressig

ZUBEREITEN: 20 MIN. | GRILLEN: 23 MIN.

FÜR 4 PERSONEN

FÜR DAS CHICKEN:

2 Eier (M)
50 ml Geflügelfond
50 g Kichererbsenmehl
150 g Panko
600 g Hähnchenbrustfilets
Meersalz
2 EL Öl
3 Prisen rosenscharfes Paprikapulver

FÜR DIE CHIPS:

1 rote Zwiebel
6 Stängel Petersilie
800 g große mehligkochende Kartoffeln
4 EL Öl
Meersalz
3 Prisen rosenscharfes Paprikapulver
4 EL Himbeeressig

ZUBEHÖR:

1 Plancha

1 Den Grill für mittlere bis hohe direkte Hitze (mit Deckel, 200–220°) vorbereiten. Die Plancha 10–12 Min. im Grill vorheizen.

2 Inzwischen für das Chicken in einem tiefen Teller die Eier mit dem Fond verquirlen. Das Kichererbsenmehl und die Panko-Brösel jeweils in einen weiteren tiefen Teller geben. Die Hähnchenbrustfilets in ca. 3 cm große Stücke schneiden, mit Salz würzen. Die Filetstücke zuerst im Mehl, dann im Ei und zum Schluss in den Bröseln wenden.

3 Für die Chips die Zwiebel schälen, halbieren und in fingerdicke Spalten schneiden. Die Petersilie abbrausen und trocken schütteln, die Blättchen abzupfen und grob hacken. Die Kartoffeln gründlich waschen und bürsten, dann ebenfalls in fingerdicke Spalten schneiden.

4 Auf der Plancha 4 EL Öl verteilen und erhitzen. Die Kartoffelspalten auf die Plancha geben und ca. 15 Min. grillen, dabei den Grill mit dem Deckel verschließen. Die Chips gelegentlich wenden und kurz vor Ende der Grillzeit mit Salz und Paprikapulver würzen.

5 Die Chips zum hinteren Ende der Plancha schieben. Das restliche Öl (2 EL) auf der freien Fläche der Plancha verteilen. Die panierten Hähnchenfiletstücke und die Zwiebelspalten daraufgeben und 6–8 Min. im geschlossenen Grill braten, dabei einmal wenden. Mit Salz und Paprika würzen.

6 Zum Servieren Chips, Chicken und Zwiebel auf der Plancha vermischen, mit Petersilie bestreuen. Dann Chick 'n' Chips auf Teller oder in Pommestüten verteilen und zum Schluss noch mit dem Himbeeressig beträufeln.

POTATOE TWISTER

sweet & sour

ZUBEREITEN: 40 MIN.

FÜR 4 PERSONEN

FÜR DIE TWISTER:

8 festkochende Kartoffeln (möglichst mittlere Größe)
1 l Frittieröl zum Ausbacken
1/2 Zitrone
4 EL Honig
Meersalz
2 Prisen Cayennepfeffer

FÜR DIE MAYO:

100 g Speckwürfel
150 g saure Sahne
150 g Mayonnaise

ZUBEHÖR:

8 lange Holzspieße (à ca. 26 cm)
1 Fritteuse

1 Für die Twister die Kartoffeln gründlich waschen und sauber bürsten. Jede Kartoffel längs so auf einen Holzspieß stecken, dass der Spieß in der Mitte sitzt. Nun die Kartoffeln mit einem Küchenmesser rundherum im Abstand von 1/2 cm einschneiden, sodass eine Spirale entsteht. Dabei die Kartoffeln keinesfalls ganz durchschneiden. Danach ganz vorsichtig die aneinanderhängenden Kartoffelscheiben zu einem Twister auseinanderziehen.

2 Das Frittieröl in der Fritteuse auf 140–160° erhitzen. Alternativ das Öl in einem ausreichend großen Topf (die Spieße sollen später beim Ausbacken 2–3 cm mit Öl bedeckt sein) auf der Herdplatte erhitzen. Zum Überprüfen der Temperatur ein Holzstäbchen in das heiße Öl tauchen. Entstehen sofort kleine Bläschen, passt die Hitze und es kann frittiert werden.

3 Die Twister portionsweise in das heiße Öl geben und jeweils in 6–8 Min. knusprig ausbacken. Herausnehmen und auf Küchenpapier entfetten. Fertige Potatoe Twister warm halten.

4 Inzwischen für die Mayo die Speckwürfel in einer kleinen Pfanne bei mittlerer Hitze auf dem Herd goldbraun und knusprig auslassen. Die saure Sahne und die Mayonnaise verrühren und den Speck untermischen.

5 Die Zitrone auspressen und den Saft mit dem Honig verrühren. Die Potatoe Twister auf eine Platte legen und erst mit Salz und Cayennepfeffer würzen, dann mit dem Honig-Zitronensaft beträufeln. Die Speck-Mayo dazu reichen.

Speechless

GÄSTE BEEINDRUCKEN

Dafür muss man gar nicht groß auffahren! Mit der richtigen Musik, einer schönen Tischdeko und simplen Gerichten bereitet man Gästen eine gute Zeit – und sich selbst keinen Stress.

DIE PERFEKTE ATMOSPHÄRE
so geht Gastgeber

»ES MACHT MICH HAPPY, WENN ANDERE EINE GUTE ZEIT HABEN UND SICH WOHLFÜHLEN.«

Ich finde es schade, dass Essen in Deutschland oft in erster Linie als etwas gesehen wird, das man macht, um satt zu werden. Sogar wenn ich allein frühstücke – häufig gibt's bei mir Porridge oder Rührei –, richte ich mir die Teller hübsch an und zelebriere es regelrecht. Ich mag es, wie in anderen Ländern wie Spanien oder der Türkei beim Essen der gesellschaftliche Aspekt im Mittelpunkt steht und stundenlang zusammengesessen und gespeist wird. Ich fände es schön, wenn ich mit diesem Buch dazu anregen kann, Essen als solches mehr zu feiern und zu genießen.

GRILLEN FÜR FREUNDE

Ich liebe es, Gastgeber zu sein und viele Leute um mich zu haben. Meine Freunde oder die Jungs aus dem Team kommen oft »ganz zufällig vorbei«, weil sie genau wissen, dass bei mir sogar spontan immer was Gutes auf dem Tisch landet. Dann grille ich für sie und wir haben eine klasse Zeit. Bei Geschäftsterminen kommt es ebenfalls oft vor, dass ich die Leute zu mir nach Hause einlade und für sie koche. Es muss gar nicht etwas sehr Aufwendiges sein, mit einem guten Steak und Grillgemüse kann man andere stets beeindrucken. Auch DJ-Kollegen wie Felix Jaehn besuchen mich zu Hause und dann essen wir gemeinsam.

Meistens mache ich drei Gänge: Vorspeise, Hauptgang und Dessert. Bei der Vorbereitung höre ich natürlich immer Musik, das entspannt mich einfach. Oft ist es etwas Ruhiges wie Jazz oder sehr deeper Deep House. Ich habe diverse Koch-Playlists auf meinem Handy zusammengestellt – und eine ganz exklusive Playlist »Rob's Barbecue by Robin Schulz« gibt's auch für dich auf Spotify. Darauf findest du eine Auswahl meiner eigenen Tracks und meiner Lieblingssongs.

DAS PERFEKTE SETTING

Wenn ich Gäste einlade, soll auch das Drumherum passen. Man würde es von mir vielleicht nicht erwarten, aber für das Event plane ich wirklich alles vor: dass die Kerzen brennen, der Tisch mit Platztellern, schönem Geschirr und Besteck eingedeckt ist. Es soll alles toll aussehen, wenn die Leute den Raum betreten. Dann serviere ich zur Begrüßung einen Drink und alle können in Ruhe ankommen und gute Gespräche führen, während ich das Essen fertigmache. Unter uns: Das ist doppelt clever, denn sonst würden alle in die Küche gehen und dort rumwuseln, was mich heftig stressen würde. Und ich will ja, dass alles perfekt wird.

GUTE VIBES

Im Sommer sitzen wir immer draußen, dann läuft Musik und die Lichter im Garten brennen. Es macht mich einfach glücklich, wenn es mir gelingt, dass meine Gäste eine gute Zeit haben und jeder sich wohlfühlt. Diesen Anspruch habe ich, wenn ich im Club hinter dem DJ-Pult stehe – und ganz genauso als Host zu Hause hinter meinem Grill.

RIB-EYE-BURGER

mit Burgersauce

ZUBEREITEN: 50 MIN.

FÜR 4 PERSONEN

2 Rib-Eye-Steaks (à 300–400 g)
Meersalz
1/4 Eisbergsalat
1 Fleischtomate
4 Gewürzgurken
2 rote Zwiebeln
2 EL Butterschmalz
8 Scheiben Frühstücksspeck (Bacon)
4 Brioche-Buns (mit Sesam)
3 EL weiche Butter
120 ml Burgersauce (siehe S. 28)
4 Scheiben Cheddar

ZUBEHÖR:

1 Plancha
1 Fleischwolf mit mittelgrober Lochscheibe
1 Fleischthermometer

1 Den Grill für hohe direkte Hitze (mit Deckel, 220–240°) vorbereiten. Die Plancha 10–12 Min. im Grill vorheizen.

2 Inzwischen Rib-Eye-Steaks in 3 cm große Würfel schneiden und durch den Fleischwolf drehen. Das Hack kräftig mit Salz würzen, dann in vier gleich große Portionen teilen und zu Pattys (à 2 cm dick, 8–10 cm Ø) formen.

3 Den Eisbergsalat putzen, waschen und in feine Streifen schneiden. Die Tomate waschen, Stielansatz entfernen. Die Tomate in dünne Scheiben schneiden. Die Gewürzgurken in dünne Scheiben schneiden. Die Zwiebeln schälen und in fingerdicke Ringe schneiden.

4 Das Schmalz auf der Plancha verteilen und erhitzen. Zwiebelringe auf die Plancha streuen und in 6–8 Min. knusprig grillen. Dann auf Küchenpapier entfetten und mit Salz würzen. Speck auflegen und in 4–5 Min. knusprig grillen, dabei einmal wenden. Ebenfalls auf Küchenpapier entfetten. Jetzt die Pattys auf die Plancha legen und im geschlossenen Grill 6–8 Min. grillen, dabei einmal wenden. Dann die Pattys zur Seite ziehen und weitere 5 Min. ohne Hitze ruhen lassen (Kerntemperatur 54–56°).

5 Jedes Brioche-Bun waagerecht halbieren und die Bun-Hälften auf einer Seite mit Butter bestreichen. Die Bun-Hälften auf der ungebutterten Seite auf der Plancha in 1–2 Min. goldbraun grillen.

6 Zum Schichten der Rib-Eye-Burger etwa die Hälfte der Burgersauce auf den Bun-Böden verteilen. Dann mit Eisbergsalat, Tomate, Pattys, Cheddar, Gewürzgurken und dem Bacon belegen. Mit der übrigen Burgersauce bestreichen und mit den Bun-Deckeln abschließen.

FILET MIGNON
mit Trüffeln

ZUBEREITEN: 40 MIN.

FÜR 4 PERSONEN

4 Zweige Thymian
2 junge Knoblauchzehen
2 weiße Zwiebeln
4 Rinderfiletmedaillons (à ca. 250 g, aus dem Mittelstück)
Meersalz
2 EL Butterschmalz
2 EL Butter
50 g schwarze Trüffeln
Szechuan-Pfeffer

ZUBEHÖR:

1 gusseiserne Grillpfanne
Küchengarn
1 Fleischthermometer
1 Trüffelhobel

1 Den Grill für hohe indirekte und direkte Hitze (mit Deckel, 240–260°) vorbereiten. Die Grillpfanne über direkter Hitze 10–12 Min. im Grill vorheizen.

2 Inzwischen Thymian abbrausen und trocken schütteln, die Blättchen von den Zweigen zupfen und fein hacken. Den Knoblauch waschen und samt zarter Schale fein hacken. Die Zwiebeln schälen, halbieren und in feine Streifen schneiden. Die Rindermedaillons mit Küchengarn in Form binden. 4 EL Meersalz auf einen Teller streuen und die Medaillons mit den Schnittseiten darin wenden.

3 Das Butterschmalz in der Pfanne erhitzen. Darin die Medaillons in 4–6 Min. kräftig angrillen, dabei einmal wenden. Der Deckel des Grills ist dabei geschlossen. Jetzt auf die indirekte Hitze wechseln und die Temperatur auf 180–200° reduzieren. Die Rinderfiletmedaillons in weiteren 3–4 Min. fertiggrillen. Dann vom Grill nehmen und abgedeckt 5 Min. ruhen lassen (Kerntemperatur 52–54°).

4 Inzwischen die Pfanne ein wenig abkühlen lassen, dann die Butter darin schmelzen. Thymian, Knoblauch und Zwiebeln in der Butter andünsten. Die Hälfte der Trüffeln in feine Scheiben hobeln, in die Pfanne geben und kurz mitbraten, dann die Pfanne vom Grill nehmen.

5 Die Rinderfiletmedaillons vom Küchengarn befreien und in den Thymian-Trüffel-Zwiebeln wenden. Die Medaillons kräftig mit dem Szechuan-Pfeffer würzen und dann samt Zwiebeln auf einer Platte oder auf Tellern anrichten. Die übrigen Trüffeln darüberhobeln.

DOUBLE T-BONE-STEAK

mit buntem Gemüse

ZUBEREITEN: 1 STD. | RUHEN: 8 MIN.

FÜR 4 PERSONEN

FÜR DAS STEAK:

1 Double T-Bone-Steak (ca. 1,2–1,4 kg)
4 EL Olivenöl
1 Rezept Basic Rub (siehe S. 26)
Meersalz

FÜR DAS GEMÜSE:

200 g kleine junge Kartoffeln (Drillinge)
3 Möhren
1 Stange junger Lauch
150 g Kirschtomaten
200 g Snack-Paprika
2 Zweige Thymian
2 Zweige Rosmarin
50 g Speckwürfel
3 EL Olivenöl
Meersalz
Pfeffer
150 ml Gemüsefond

ZUBEHÖR:

1 gusseiserne Grillpfanne
1 Fleischthermometer

1 Das T-Bone trocken tupfen, rundherum mit 2 EL Olivenöl einreiben und gleichmäßig von allen Seiten mit dem Basic Rub einreiben. Mit Backpapier abdecken und bei Raumtemperatur ca. 30 Min. ruhen lassen.

2 Inzwischen für das Gemüse die Kartoffeln gründlich waschen, trocken tupfen und der Länge nach halbieren. Möhren schälen, der Länge nach halbieren und in 2–3 cm lange Stücke schneiden. Den Lauch waschen, putzen und in 1 cm breite Ringe schneiden. Kirschtomaten und Paprika waschen, die Kräuter abbrausen und trocken schütteln. Alles mit den Speckwürfeln in die Pfanne geben und mit dem Olivenöl beträufeln. Mit Salz und Pfeffer würzen.

3 Den Grill für mittlere bis hohe indirekte und direkte Hitze (mit Deckel, 200–220°) vorbereiten. Die Pfanne über die indirekte Hitze stellen und das Gemüse 20–25 Min. grillen. Dabei nach der Hälfte der Grillzeit mit dem Fond aufgießen und geschlossen fertiggrillen.

4 Die Steaks über der direkten Hitze auf den Rost legen und 4–6 Min. grillen, dabei einmal wenden. Anschließend zur indirekten Hitze umplatzieren und weitere 12–15 Min. grillen. Der Deckel des Grills ist dabei immer geschlossen. Danach das Steak an den Rand des Grillrosts ziehen und weitere 5–8 Min. ruhen lassen (Kerntemperatur 50–54°).

5 Zum Servieren das Fleisch erst von dem Knochen, dann quer zur Faser in 1 cm dicke Scheiben schneiden. Schnittflächen mit Salz würzen und mit dem übrigen Olivenöl (2 EL) verfeinern. Mit dem Gemüse auf Teller verteilen.

TOMAHAWK
im Roadhouse-Style

ZUBEREITEN: 40 MIN. | WÄSSERN: 30 MIN.

FÜR 4 PERSONEN

100 g Lardo
6 Zwiebeln
1 junge Knoblauchknolle
4 Zweige Rosmarin
6 frische Lorbeerblätter
1 Zitrone
1 Tomahawk-Steak (1,2–1,4 kg)
Meersalz
2 EL Butter
150 ml Whiskey
3 EL Ahornsirup
Pfeffer

ZUBEHÖR:

2 Handvoll Räucherchips »Whiskey«
1 gusseiserne Grillpfanne
1 Fleischthermometer
1 Räucherbox

1 Die Räucherchips in einer Schüssel mit ausreichend Wasser bedecken und mind. 30 Min. wässern, dann abgießen und gut abtropfen lassen. Den Grill für hohe direkte Hitze (mit Deckel, 220–240°) vorbereiten. Die Grillpfanne 10–12 Min. im Grill vorheizen.

2 Inzwischen den Lardo in kleine Würfel schneiden. Die Zwiebeln schälen und in fingerdicke Spalten schneiden. Den Knoblauch waschen, in die einzelnen Zehen teilen und samt zarter Schale fein hacken. Die Kräuter abbrausen und trocken schütteln. Die Zitrone auspressen.

3 Das Steak rundherum mit Salz würzen. Den Lardo in der Pfanne auslassen. Sobald sich ein dünner Fettfilm in der Pfanne bildet, das Steak in die Pfanne geben und im geschlossenen Grill 4–6 Min. von allen Seiten angrillen.

4 Dann Zwiebeln, Knoblauch und Kräuter in die Pfanne geben und darauf das Steak 6–8 Min. weitergrillen. Dabei die Zwiebeln gelegentlich wenden.

5 Butter und Zitronensaft zu den Zwiebeln geben und nur die Zwiebeln mit dem Whiskey ablöschen. Das Steak mit dem Ahornsirup übergießen und mit Pfeffer würzen. Das Steak aus der Pfanne nehmen und abgedeckt noch 5–8 Min. ruhen lassen (Kerntemperatur 50–52°).

6 Räucherchips auf der Glut verteilen, beim Gasgrill eine Räucherbox verwenden. Zwiebeln räuchern, bis das Steak fertig geruht hat, dann salzen. Das Fleisch erst vom Knochen, dann in Tranchen schneiden und wieder in die Zwiebeln legen. Zum Servieren die Pfanne auf den Tisch stellen.

PRESA IBÉRICA DE BELLOTA

mit Tomaten-Pfirsich-Salat

ZUBEREITEN: 30 MIN.

FÜR 4 PERSONEN

FÜR DIE STEAKS:
2 Presas Ibérica de Bellota (à ca. 450 g)
2 EL Olivenöl
Meersalz
Pfeffer

FÜR DEN SALAT:
400 g grüne Tomaten
2 (Weinberg-)Pfirsiche
3 EL Aceto balsamico bianco
2 EL Olivenöl
1 EL Honig
Meersalz
Pfeffer
4 Stängel Koriandergrün

ZUBEHÖR:
1 Fleischthermometer

1 Den Grill für hohe direkte Hitze (mit Deckel, 240-260°) vorbereiten.

2 Die Steaks vom überschüssigen Fett und von den Sehnen befreien, mit dem Olivenöl einreiben und mit Salz würzen. Die Steaks auf den Rost legen und 6-8 Min. grillen, dabei einmal wenden. Grill mit dem Deckel verschließen. Dann die Steaks weitere 4-5 Min. am Rand des Grillrosts ruhen lassen (Kerntemperatur 56-60°), mit Pfeffer würzen.

3 Inzwischen für den Salat die Tomaten waschen, Stielansätze entfernen. Die Tomaten in Spalten schneiden. Die Pfirsiche waschen, halbieren, von den Steinen befreien und in Spalten schneiden. Beides in eine Schüssel geben, mit Essig, Öl und Honig vermengen. Mit Salz und Pfeffer würzen. Koriandergrün abbrausen, trocken schütteln, grob zerzupfen und untermischen.

4 Den Tomaten-Pfirsich-Salat auf Teller verteilen. Die Steaks in Tranchen schneiden und auf den Tellern anrichten. Einfach der Knaller dazu: frittierte Knoblauchchips (siehe Tipp), die man über den Salat streut.

Rob's  Special

Frittierte Knoblauchchips sind ein wahrer Genuss und passen perfekt als Extra-Crunch! Dazu einfach Knoblauchzehen schälen, mit einem Hobel in dünne Scheiben hobeln und ca. 30 Min. wässern, anschließend mit einer Salatschleuder gründlich trocken schleudern. Dann die Knoblauchscheiben in 135-140° heißem Frittieröl langsam goldbraun ausbacken und auf Küchenpapier entfetten. Fertig!

LOBSTER HOT DOGS

mit Avocadomayonnaise

ZUBEREITEN: 25 MIN.

FÜR 4 PERSONEN

2 Hummerschwänze (ausgebrochen, à ca. 120 g)
4 Hummerscheren (ausgebrochen, à ca. 30 g)
150 g Schalotten
2 Knoblauchzehen
150 g Kirschtomaten
1 Handvoll Rucola
1 Orange
100 g weiche Butter
Meersalz
Pfeffer
4 Brioche-Hot-Dog-Brötchen
350 ml Avocadomayonnaise (siehe S. 28)
4 EL Honig

ZUBEHÖR:

1 gusseiserne Grillpfanne

1 Den Grill für mittlere bis hohe direkte Hitze (mit Deckel, 180–200°) vorbereiten. Die Grillpfanne 10–12 Min. im Grill vorheizen

2 Inzwischen das Hummerfleisch von Schwänzen und Scheren in mundgerechte Stücke schneiden. Schalotten und Knoblauch schälen und der Länge nach vierteln. Die Tomaten waschen und halbieren. Den Rucola waschen und trocken schleudern. Die Orange auspressen.

3 In der Pfanne die Hälfte der Butter schmelzen. Darin Schalotten und Knoblauch kurz angrillen. Hummerfleisch und Tomaten dazugeben und 3–4 Min. mitgrillen. Mit Orangensaft ablöschen, mit Salz und Pfeffer würzen.

4 Die Hot-Dog-Brötchen waagerecht halbieren. Die Schnittflächen mit der übrigen Butter einstreichen und auf dem Rost 1–2 Min. auf Sicht grillen, bis sich ein typisches Grillmuster abzeichnet.

5 Die Brötchenböden mit der Avocadomayonnaise bestreichen und den Rucola darauf verteilen. Die Brötchendeckel mit dem Honig bestreichen. Die Lobster-Tomaten-Mischung auf dem Rucola verteilen und die Hot Dogs mit den Deckeln abdecken.

Rob's Special

Diese Hot Dogs lassen sich anstatt mit Lobster auch mit Garnelen zubereiten. Dafür brauchst du pro Hot Dog das Fleisch von 3–4 Riesengarnelen. Probier's aus, es schmeckt mega.

TRÜFFEL-PASTA

würzig geräuchert

ZUBEREITEN: 30 MIN.

FÜR 4 PERSONEN

250 g Spaghetti • 700 ml Geflügelfond • 4 Schalotten • 2 rote Peperoni • 2 EL Butter • 100 g schwarze Trüffeln • 50 g Sahne • Meersalz • 2 Prisen Chilipulver

ZUBEHÖR: 1 feuerfeste flache Schale • 2 Handvoll gewässerte Räucherchips (z. B. Mesquite) • 1 Räucherbox • 1 feuerfester weiter Topf • 1 Trüffelhobel

1 Den Grill für niedrige bis mittlere indirekte Hitze (mit Deckel, 140–160°) vorbereiten. Die Spaghetti in die Schale geben und auf den Grill stellen. Die Räucherchips auf der Glut verteilen, beim Gasgrill die Räucherbox verwenden. Die Nudeln 15–20 Min. im geschlossenen Grill räuchern.

2 Inzwischen den Fond im Topf aufkochen, dann in ein beliebiges Gefäß umfüllen. Schalotten schälen, Peperoni waschen und putzen, beides fein würfeln.

3 Im Topf die Butter schmelzen, darin Schalotten und Peperoni kurz anbraten. Spaghetti dazugeben und darin schwenken. Nun unter Rühren die Nudeln so lange köcheln lassen und mit Fond aufgießen, bis die Flüssigkeit aufgebraucht ist. Kurz vor Schluss zwei Drittel der Trüffeln hineinhobeln, die Sahne untermischen, mit Salz und Chili würzen. Auf tiefe Teller verteilen, restliche Trüffeln darüberhobeln.

GIN FLAMBÉ SALMON

mit Herbal Dust Rub

ZUBEREITEN: 20 MIN. | MARINIEREN: 20 MIN. | GRILLEN: 37 MIN.

FÜR 4 PERSONEN

1/4 Bio-Salatgurke • 1 Bio-Zitrone • 75 ml Gin (beste Qualität) • 1 Stück Lachsfilet (800 g, küchenfertig, mit Haut, ohne Gräten) • 5 EL Herbal Dust Rub (siehe S. 26)

ZUBEHÖR: 1 gewässertes Zedernholzbrett • 1 Fleischthermometer

1 Die Salatgurke und die Zitrone waschen und in hauchdünne Scheiben schneiden. Beides in einer ausreichend großen Form oder Schale verteilen, in der das Lachsfilet optimal Platz hat. Den Gin gleichmäßig darübergießen.

2 Das Lachsfilet trocken tupfen und mit der Fleischseite auf Gurke und Zitrone legen. Abgedeckt im Kühlschrank ca. 20 Min. marinieren.

3 Den Grill für hohe direkte Hitze (mit Deckel, 220–240°) vorbereiten.

4 Zedernholzbrett auf den Rost legen und 4–6 Min. von jeder Seite angrillen. Danach leicht abkühlen lassen. Jetzt den Grill für mittlere indirekte Hitze (mit Deckel, 160–180°) vorbereiten.

5 Das Lachsfilet aus der Marinade nehmen, trocken tupfen und auf beiden Seiten mit dem Herbal Dust Rub bestreuen. Dann das Filet auf das Brett legen und im geschlossenen Grill ca. 10 Min. grillen.

6 Nun das Lachsfilet mit dem Gin aus der Marinade einpinseln und mit der Hälfte der Gurken- und Zitronenscheiben belegen. Den Lachs in 10–15 Min. fertiggrillen, dabei den Grill weiterhin mit dem Deckel verschließen (Kerntemperatur 58–64°).

>>> Grillen bedeutet für mich Momente der absoluten Entschleunigung, ohne großen Input von außen.

››› Diese Kartoffeln auf einem Salzbett zeigen: Raffiniertes muss nicht immer aufwendig sein.

»

ICH HABE
BEI NICHTS ANDEREM
SO VIEL GEDULD
WIE BEIM GRILLEN.

«

>> Ich lege sehr großen Wert auf gute Qualität und kaufe am liebsten frisch und regional ein.

»

MIT 16 WUSSTE ICH NICHT, WIE MAN EIN SPIEGELEI ZUBEREITET, HEUTE BIN ICH QUASI SELBST-VERSORGER.

«

>>> Ich habe keine Ausbildung gemacht, aber eine Kochlehre hätte mir sicher gefallen.

»» Frikadellen vom Grill zählen mit zu meinen Lieblingen!

»

ICH WERFE ZU JEDER JAHRESZEIT DEN GRILL AN, SOGAR IM WINTER BEI MINUSGRADEN.

«

Unforgettable

LIEBLINGS-GERICHTE

Seit meiner Kindheit liebe ich deutsche Hausmannskost. Einige Klassiker habe ich für dich modern fürs BBQ interpretiert. In diesem Kapitel lernst du meine Vorbilder und Favoriten kennen.

ESSEN IST HEIMAT

Rob's Helden

»ESSEN KANN
FÜR MICH REGELRECHT
COMFORT FOOD SEIN
UND MICH RICHTIG
GLÜCKLICH MACHEN.«

Saisongrillen? Das ist überhaupt nicht mein Ding. Ich feiere die ganze Idee des American BBQ und bin froh, dass dieser kulinarische Lifestyle bei uns in Deutschland angekommen ist. Ich warte doch nicht auf die ersten Sonnenstrahlen im Frühsommer, um endlich mal angrillen zu können. Ich heize auch bei minus zehn Grad und Schnee meinen Smoker an. Und auch die Tageszeit ist mir beim Grillen herzlich egal, wenn ich Hunger habe, geht es los. Zu meinen Lieblingsgerichten zählen auf jeden Fall Spareribs, ein gutes Flanksteak oder einmal ein exklusives Wagyu-Filet, das ist natürlich auch für mich etwas richtig Besonderes.

MEINE LIEBLINGSGRILLER

Einer meiner Lieblingsgriller ist Jörn Rochow mit seinem YouTube-Kanal »BBQ aus Rheinhessen«. Meine Freunde haben organisiert, dass er mich zu meinem 30. Geburtstag besucht. Ich war gerade duschen und als ich aus dem Bad kam, stand er vor mir. Wir waren beide supernervös, jeder ein großer Fan des anderen. Vor lauter Aufregung mussten wir erst mal zusammen eine rauchen gehen. Normalerweise hasse ich Überraschungen, aber darüber habe ich mich mega gefreut.

MEIN LIEBLINGSKOCH

Mein Lieblingskoch ist der Kanadier Matty Matheson, ein komplett tätowierter Ex-Skater mit einer krassen Vergangenheit. Ein total interessanter und lustiger Typ, seine Videos könnte ich mir stundenlang anschauen.

MEINE LIEBLINGSGERICHTE

Für mich verkörpert Kochen das Gefühl von Zuhause. Darum finde ich es auch schön, wenn andere was für mich zubereiten. Meine Mama hat früher jeden Tag gekocht, ich habe mir meistens so richtig deutsche Gerichte gewünscht: Frikadellen, Rouladen, Gulasch – das hat von Mama immer am besten geschmeckt. Und von Oma gab's ihren Kartoffelsalat. Klassische Hausmannskost ist für mich noch heute richtiges Comfort Food, damit kann man mich sehr glücklich machen.

MEINE LIEBEN

Wenn ich heute meine Mama bekoche, freut sie sich immer riesig, das ist richtig süß. Eine ganz besondere Challenge stellt für mich Weihnachten dar. Meine Schwester ist Veganerin und ich finde, es ist eine echte Herausforderung, ein richtig geiles, fleischloses Weihnachtsgericht zu machen. Da ist nichts mit Ente, Gans oder Rind. Aber ich habe es hinbekommen und einen veganen Braten zubereitet, der an die 30 verschiedene Zutaten enthielt, darunter Räuchertofu, Rote Bete und Nüsse. Der Braten hat ihr richtig gut geschmeckt – und mir auch. Völlig auf Fleisch zu verzichten, das wäre allerdings nicht mein Ding.

PULLED PORK
im Boston-Butt-Style

ZUBEREITEN: 20 MIN. | MARINIEREN + WÄSSERN: 6 STD. | RÄUCHERN + GRILLEN: 12 STD. | RUHEN: 2 STD.

FÜR 12 PERSONEN

1 Schweineschulter (Boston Butt Cut, mit Knochen, 4-5 kg)
2 Rezepte Spicy Paprika Rub (siehe S. 26)
1 Rezept American-Flavour-Würzsauce (siehe S. 27)
1 Rezept Spicy BBQ-Sauce (siehe S. 28)

ZUBEHÖR

3 Handvoll Räucherchips (Hickory oder Mesquite)
1 Räucherbox
1 Fleischthermometer
2 große Bögen Metzgerpapier (auch Butcher Paper oder BBQ-Papier, ersatzweise Backpapier)

1 Die Schweineschulter gleichmäßig rundherum mit dem Spicy Paprika Rub einreiben und abgedeckt im Kühlschrank mind. 6 Std. marinieren. Dabei ca. 30 Min. vor Ablauf der Marinierzeit das Fleisch aus dem Kühlschrank nehmen, damit es sich auf Raumtemperatur erwärmen kann.

2 Die Räucherchips in einer Schüssel mit ausreichend Wasser bedecken und mind. 30 Min. wässern, dann abgießen und gut abtropfen lassen. Den Grill für niedrige indirekte Hitze (mit Deckel, 125-135°) vorbereiten.

3 Die marinierte Schulter auf den Rost legen. Die Räucherchips auf der Glut verteilen, beim Gasgrill eine Räucherbox verwenden. Das Fleisch im geschlossenen Grill 4-5 Std. räuchern. Nach Ende der ersten Grillzeit sollte das Fleisch eine schöne Kruste und eine rötlich-bräunliche Färbung haben. Die zwischenzeitliche Kerntemperatur beträgt 48-56°.

4 Dann die Schweineschulter weitere 3-4 Std. grillen, dabei immer wieder mit der American-Flavour-Würzsauce einpinseln. Nach dieser zweiten Grillzeit die Schulter (aktuelle Kerntemperatur 78-86°) in das Metzgerpapier einschlagen. Das Fleisch sollte vollständig mit dem Papier umhüllt sein.

5 Die eingewickelte Schweineschulter weitere 2-3 Std. grillen, bis das Fleisch auf Fingerdruck nachgibt: Kerntemperatur 92-95°. Die fertige Schweineschulter vom Grill nehmen und ohne Hitze 1-2 Std. ruhen lassen - am besten luftdicht verschlossen in einer isolierten Box oder im Backofen.

6 Das fertige Pulled Pork auspacken, dabei den angesammelten Bratensaft auffangen. Die BBQ-Sauce mit dem Bratensaft verrühren. Das Fleisch in faserigen Stücken von der Schulter zupfen, portionsweise - je nach Geschmack - mit der Sauce vermengen und auf Tellern anrichten.

RUMPSTEAKS
mit Granatapfel-Himbeer-Salsa

ZUBEREITEN: 30 MIN.

FÜR 4 PERSONEN

FÜR DIE STEAKS:
2 Knoblauchzehen
4 Zweige Rosmarin
4 Zweige Thymian
2 Rumpsteaks (à 400 g, mind. 4 cm dick)
2 EL Rapsöl
Meersalz
Pfeffer

FÜR DIE SALSA:
1/2 Bund Frühlingszwiebeln
2 gelbe Peperoni
1/2 Granatapfel
150 g Himbeeren
4 EL Himbeeressig
2 EL Erdnussöl
Meersalz

ZUBEHÖR:
1 Fleischthermometer

1 Den Grill für mittlere bis hohe indirekte und direkte Hitze (mit Deckel, 200–220°) vorbereiten.

2 Für die Steaks den Knoblauch schälen und längs halbieren. Die Kräuterzweige abbrausen und trocken schütteln. Die Rumpsteaks trocken tupfen, rundherum mit Rapsöl einreiben und von allen Seiten mit Salz würzen.

3 Die Rumpsteaks über der direkten Hitze auf den Rost legen und im geschlossenen Grill 4–6 Min. grillen. Dabei die Steaks zur Halbzeit wenden und mit den Kräuterzweigen und dem Knoblauch belegen.

4 Anschließend die Rumpsteaks über der indirekten Hitze platzieren und in weiteren 6–8 Min. fertiggrillen (Kerntemperatur 49–52°). Dann die Steaks vom Grill nehmen und abgedeckt noch 3–5 Min. ruhen lassen.

5 Inzwischen für die Salsa die Frühlingszwiebeln waschen, putzen und in dünne Ringe schneiden. Die Peperoni waschen, halbieren, weiße Trennwände und Kerne entfernen. Die Hälften fein würfeln. Die Granatapfelkerne aus den Häuten brechen. Die Himbeeren verlesen und nur falls nötig abbrausen und trocken tupfen. Alles vorsichtig mit dem Himbeeressig und dem Erdnussöl vermengen. Die Salsa mit Salz würzen.

6 Die Rumpsteaks von den Kräutern und dem Knoblauch befreien. Die Steaks quer zur Faser in 1 cm dicke Scheiben schneiden und mit Salz und Pfeffer würzen. Mit der Salsa auf Tellern anrichten.

BEEF BOURBON BRISKET

»Full Packer«

ZUBEREITEN: 20 MIN. | MARINIEREN + WÄSSERN: 6 STD. | GRILLEN: 12 STD. | RUHEN: 3 STD.

FÜR 10 PERSONEN

1 Full-Packer-Brisket (4,5–5,5 kg, Brustspitz aus dem vorderen Teil der Rinderbrust, bestehend aus Flat und Point, nicht pariert)
4 Rezepte Basic Rub (siehe S. 26)
1 Rezept Australian-Love-Würzsauce (siehe S. 27)

ZUBEHÖR:

5 Handvoll Hickory-Räucherchips
1 Räucherbox
1 Fleischthermometer
2 große Bögen Metzgerpapier (auch Butcher Paper oder BBQ-Papier, ersatzweise Backpapier)

1 Das Full-Packer-Brisket auf der Fleischseite von der dünnen Silberhaut befreien, festes Fett an den Seiten abschneiden. Das Brisket gleichmäßig rundherum mit dem Basic Rub einreiben und abgedeckt im Kühlschrank mind. 6 Std. marinieren. Dabei ca. 30 Min. vor Ablauf der Marinierzeit den Rinderbrustspitz aus dem Kühlschrank nehmen, damit er sich auf Raumtemperatur erwärmen kann.

2 Die Räucherchips in einer Schüssel mit ausreichend Wasser bedecken und mind. 30 Min. wässern, dann abgießen und gut abtropfen lassen. Den Grill für niedrige indirekte Hitze (mit Deckel, 125–135°) vorbereiten.

3 Das marinierte Brisket auf den Rost legen. Das Fleisch im geschlossenen Grill 4–5 Std. grillen. Dabei nach und nach die Räucherchips auf der Glut verteilen, beim Gasgrill eine Räucherbox verwenden. Nach Ende der ersten Grillzeit sollte das Brisket eine schöne Kruste und eine rötlich-bräunliche Färbung haben. Die zwischenzeitliche Kerntemperatur beträgt 65–70°.

4 Dann den Brustspitz mittig auf die beiden Bögen Metzgerpapier setzen, mit der Australian-Love-Würzsauce einpinseln und in das Papier einschlagen. Das Fleisch sollte vollständig mit dem Papier umhüllt sein.

5 Das eingewickelte Fleisch weitere 6–7 Std. grillen, bis es auf Fingerdruck nachgibt: Kerntemperatur 93–97°. Das fertige Beef Bourbon Brisket vom Grill nehmen und ohne Hitze 2–3 Std. ruhen lassen – am besten luftdicht verschlossen in einer isolierten Box oder im Backofen.

6 Zum Servieren das Fleisch in fingerdicke Scheiben schneiden. Dazu passen Kartoffeln, egal ob als Pommes, Püree oder Kartoffelecken. Sollte etwas übrig bleiben, einfach dünn aufschneiden und Sandwiches damit belegen.

KETTLE MEAT

auf kroatische Art

ZUBEREITEN: 25 MIN. | MARINIEREN: 1 STD. | GRILLEN: 3 STD.

FÜR 10 PERSONEN

2 kg Schweinenacken • 6 Knoblauchzehen • 1 kg rote Zwiebeln • 3 EL Tomatenmark • 2 Rezepte Basic Rub (siehe S. 26) • 50 g Schweineschmalz • 400 g Frühstücksspeck (Bacon) • 250 ml Rinderfond • 1 Rezept Spicy BBQ-Sauce (siehe S. 28)

ZUBEHÖR: 1 gusseiserner Dutchoven

1. Den Schweinenacken in 1–2 cm dicke Scheiben schneiden. Knoblauch schälen, fein hacken. Die Zwiebeln schälen, in 2 cm dicke Ringe schneiden. Alles mit Tomatenmark und Rub vermengen.

2. Den Dutchoven mit Schmalz ausreiben und abwechselnd gewürzte Fleischscheiben und Zwiebeln sowie den Bacon senkrecht einschichten. Abgedeckt ca. 1 Std. marinieren.

3. Den Grill für mittlere direkte Hitze (mit Deckel, 160–180°) vorbereiten.

4. Nach dem Marinieren Fond aufgießen, alles mit der BBQ-Sauce bestreichen. Dutchoven verschließen, auf den Rost stellen. Kesselfleisch 1–1 Std. 30 Min. im geschlossenen Grill garen. Dann die Hitze auf 140–160° zurückschalten und das Kesselfleisch in 1–1 Std. 30 Min. fertiggrillen. Dazu passt Weißbrot.

VEAL SHORT RIBS

mit fernöstlicher Würze

ZUBEREITEN: 40 MIN. | MARINIEREN + WÄSSERN: 4 STD. | GRILLEN: 6 STD.

FÜR 4 PERSONEN

2,5 kg Short Ribs (vom Kalb) • 2 Rezepte Hot-Asia-Stuff-Marinade (siehe S. 27) • 50 ml Reisessig • 800 ml Kalbsfond • 1/2 Bund Koriandergrün

ZUBEHÖR: 3 Handvoll Räucherchips • 1 Räucherbox • 1 gusseiserner Dutchoven • 1 Fleischthermometer

1 Die Haut der Ribs an der Knochenrückseite einschneiden. Ribs mit der Marinade einreiben und abgedeckt 4 Std. im Kühlschrank marinieren. Dabei 30 Min. vor Ablauf der Marinierzeit Ribs aus dem Kühlschrank nehmen, damit sie sich auf Raumtemperatur erwärmen können. Die Räucherchips in einer Schüssel mit ausreichend Wasser bedecken und mind. 30 Min. wässern, dann abgießen und gut abtropfen lassen. Den Grill für niedrige indirekte Hitze (mit Deckel, 125–135°) vorbereiten.

2 Ribs aus der Sauce nehmen, auf den Rost legen und im geschlossenen Grill ca. 2 Std. grillen. Dabei nach und nach die Räucherchips auf der Glut verteilen, beim Gasgrill eine Räucherbox verwenden.

3 Essig und Fond im Dutchofen verrühren, die Ribs hineinlegen. Den Dutchoven mit dem Deckel verschließen und die Ribs weitere 2 Std. grillen, bis die Flüssigkeit auf ein Drittel eingekocht ist.

4 Rips aus dem Dutchoven nehmen. Fleischsaft mit übriger Marinade verrühren. Ribs damit einpinseln, auf den Rost legen und weitere 1 Std. 30 Min.-2 Std. grillen (Kerntemperatur 77-82°). Zugleich den Topf auf den Rost stellen und die Marinade sirupartig einkochen, dabei die Ribs alle 20 Min. damit einpinseln. Zum Servieren den Koriander abbrausen, trocken schütteln, hacken, über die Ribs streuen.

KEBAB-SPIESS
alla Rob

ZUBEREITEN: 45 MIN. | GRILLEN: 3 STD.

FÜR 8 PERSONEN

800 g Kalbshackfleisch
1 Rezept Cold Onion Rub (siehe S. 26)
2 möglichst große rote Zwiebeln
1,5 kg Kalbsschulter (ohne Knochen)
Meersalz
3 EL Olivenöl
1 TL Chiliflocken

ZUBEHÖR:
1 Drehspieß mit Motor (Rotisserie, passend zum Grill)
1 Auffangschale
1 Fleischthermometer

1 Den Grill für niedrige bis mittlere indirekte Hitze (mit Deckel, 125–135°) sowie zum Grillen mit dem Drehspieß (Rotisserie) vorbereiten. Eine Auffangschale mit ausreichend Wasser bereitstellen.

2 Das Hackfleisch kräftig mit dem Rub würzen und zu vier gleich großen Pattys formen. Die Zwiebeln schälen. 1 Zwiebel halbieren, die zweite Zwiebel in sehr feine Ringe schneiden oder hobeln.

3 Die Kalbsschulter samt Fett in 1–2 cm dicke Scheiben schneiden. Die Fleischscheiben zuerst mit 1 TL Salz, dann mit dem Olivenöl und zum Schluss mit den Chiliflocken vermischen.

4 Jetzt am Drehspieß die untere Kralle fixieren und eine Zwiebelhälfte vorsichtig aufspießen. Dann abwechselnd einige Scheiben Fleisch, Zwiebelringe und die Pattys aufspießen. Mit der übrigen Zwiebelhälfte abschließen und alles mit der zweiten Drehspießkralle fixieren.

5 Die Auffangschale in den Grill stellen und den Drehspieß in die dafür vorgesehene Vorrichtung einhängen. Den Motor der Rotisserie anschalten, den Deckel des Grills schließen. Den Kebab-Spieß ca. 1 Std. grillen (Kerntemperatur 84–86°). Danach kann die erste 1/2–1 cm dicke Kebab-Schicht mit einem scharfen Messer vom Spieß heruntergeschnitten werden.

6 Den Kebab-Spieß weitergrillen, bis rundherum erneut eine schöne Kruste entstanden ist und weiteres Kebab abgeschnitten werden kann. Je nach Dicke des Kebab-Spießes variiert die Gesamtgrillzeit zwischen 2–3 Std.

DEEP FRIED DUCKBREAST

»Delicious Conclusion«

ZUBEREITEN: 35 MIN. | **FRITTIEREN: 20 MIN.**

FÜR 4 PERSONEN

1/2 rote Paprika
1/2 gelbe Paprika
50 g Mangold
50 g Zuckerschoten
50 g Austernpilze
1 Schalotte
1 Knoblauchzehe
4 Stängel Koriandergrün
2 EL Sesamöl
2 EL Sojasauce
1 EL Austernsauce
130 ml Geflügelfond
Meersalz
Pfeffer
150 g asiatische Eiernudeln
1 l Erdnussöl zum Frittieren
1/2 TL fruchtig-mildes Currypulver
1 EL schwarzer Sesam
4 Entenbrustfilets (à ca. 250 g)

ZUBEHÖR:

1 Fritteuse
1 Fleischthermometer

1 Die Paprikahälften waschen, weiße Trennwände und die Kerne entfernen, mit einem Sparschäler die Haut abschälen. Mangold und Zuckerschoten waschen und putzen, Austernpilze putzen. Alles in feine Streifen schneiden. Schalotte und Knoblauch schälen und fein würfeln. Koriander abbrausen, trocken schütteln und mitsamt Stängeln grob hacken.

2 Das Sesamöl in einer Pfanne oder einem Wok auf der Herdplatte erhitzen. Schalotte und Knoblauch darin andünsten, Gemüse und Pilze dazugeben und alles weitere 2-3 Min. dünsten. Mit Sojasauce, Austernsauce und Fond ablöschen. Mit Salz und Pfeffer würzen und 2-3 Min. köcheln lassen.

3 Inzwischen in einem Topf 700 ml Wasser mit Salz zum Kochen bringen. Die Nudeln damit übergießen und 5 Min. ziehen lassen.

4 Das Frittieröl in der Fritteuse auf ca. 160° erhitzen. Alternativ das Öl in einem ausreichend großen Topf (die Entenbrustfilets sollen später beim Ausbacken 2-3 cm mit Öl bedeckt sein) auf der Herdplatte erhitzen. Zum Überprüfen der Temperatur ein Holzstäbchen in das heiße Öl tauchen. Entstehen sofort Bläschen, passt die Hitze und es kann frittiert werden.

5 Die Nudeln abschütten, mit dem Currypulver würzen und noch warm in einer Schüssel mit Gemüse und Pilzen vermischen. Den Nudelsalat mit Koriander und Sesam verfeinern, mit Salz abschmecken.

6 Die Haut der Entenbrustfilets rautenförmig einschneiden. 2 Entenbrüste ins heiße Öl geben und 8-10 Min. frittieren (Kerntemperatur 68-72°), dann auf Küchenpapier entfetten und warm stellen. Jetzt auch die anderen beiden Entenbrüste frittieren. Die Entenbrustfilets salzen, pfeffern, in Tranchen schneiden und mit dem asiatischen Nudelsalat auf Tellern anrichten.

SPATCHCOCK CHICKEN
mit Lime Rub

ZUBEREITEN: 25 MIN. | MARINIEREN: 20 MIN. | GRILLEN: 40 MIN.

FÜR 4 PERSONEN

2 Maishähnchen (à ca. 1 kg) • 2 Rezepte Sole-Brine-Lake (siehe S. 27) • 3 EL Olivenöl • 2 Rezepte Lime Rub (siehe S. 26)

ZUBEHÖR: 1 Fleischthermometer

1 Hähnchen mit der Brustseite auf das Arbeitsbrett legen. Mit einer stabilen Küchenschere an beiden Seiten entlang des Rückgrats Knochen und Haut durchschneiden. Dann das Rückgrat entfernen.

2 Die Maishähnchen umdrehen, wie ein Buch aufklappen und mit einem kräftigen Druck aufs Brustbein möglichst platt drücken. Dann die Hähnchen in die Sole Brine legen und abgedeckt im Kühlschrank ca. 20 Min. ziehen lassen.

3 Den Grill für mittlere direkte Hitze (mit Deckel, 180-200°) vorbereiten. Die Hähnchen aus der Lake nehmen, abbrausen und gründlich trocken tupfen. Dann mit dem Öl einpinseln und mit dem Lime Rub bestreuen.

4 Die Maishähnchen mit der Hautseite auf den Rost legen, leicht andrücken und im geschlossenen Grill 35-40 Min. grillen (Kerntemperatur 76-80°). Dabei nach der Hälfte der Grillzeit wenden.

CHICKEN WINGS
frittiert & geräuchert

ZUBEREITEN: 1 STD. | WÄSSERN: 30 MIN. | RÄUCHERN: 20 MIN.

FÜR 4 PERSONEN

1 l Erdnussöl zum Frittieren • 800 g Hähnchenflügel • 1 Zitrone • 1 EL Senf • 4 EL Ahornsirup • 1 Rezept Lime Rub (siehe S. 26)

ZUBEHÖR: 3 Handvoll Räucherchips (z. B. Apfel, Birne, Pfirsich) • 1 Fritteuse • 1 Räucherbox

1 Räucherchips in einer Schüssel mit ausreichend Wasser bedecken und mind. 30 Min. wässern, dann abgießen, gut abtropfen lassen. Grill für niedrige indirekte Hitze (mit Deckel, 125–135°) vorbereiten.

2 Das Erdnussöl in der Fritteuse auf ca. 160° erhitzen. Alternativ das Öl in einem ausreichend großen Topf (die Flügel sollen beim Ausbacken 2–3 cm mit Öl bedeckt sein) auf der Herdplatte erhitzen. Zum Überprüfen der Temperatur ein Holzstäbchen in das heiße Öl tauchen. Entstehen sofort Bläschen, passt die Hitze und es kann frittiert werden.

3 Die Hähnchenflügel abbrausen und gründlich trocken tupfen. Ein Drittel der Flügel in das heiße Öl geben und 12–15 Min. frittieren. Danach auf Küchenpapier entfetten. Die übrigen Hähnchenflügel wie beschrieben ebenfalls frittieren.

4 Sobald alle Hähnchenflügel frittiert sind, auf den Rost legen. Die Räucherchips nach und nach auf der Glut verteilen, beim Gasgrill eine Räucherbox verwenden. Die Chicken Wings im geschlossenen Grill ca. 20 Min. räuchern.

5 Die Zitrone auspressen und den Saft mit dem Senf, dem Ahornsirup und dem Lime Rub verrühren. Geräucherte Chicken Wings auf Tellern anrichten und mit der Sauce überziehen.

CURRYWURST
vom Feinsten

ZUBEREITEN: 25 MIN.

FÜR 4 PERSONEN

FÜR DIE SAUCE:
1 rote Zwiebel
1 Knoblauchzehe
2 EL Olivenöl
1 EL brauner Zucker
2 EL Tomatenmark
45 ml Himbeeressig
250 ml Tomatensaft
75 ml Ketchup
2 EL Honig
1 EL Currypulver
1 TL rosenscharfes Paprikapulver
1 EL edelsüßes Paprikapulver
Meersalz

FÜR DIE WÜRSTE:
12 selbst gemachte Schweinsbratwürste (siehe Tipp, ersatzweise frische feine Grillwürste)
Öl für den Rost
Currypulver zum Bestreuen

ZUBEHÖR:
1 feuerfester Topf

1 Den Grill für mittlere indirekte und direkte Hitze (mit Deckel, 160–180°) vorbereiten.

2 Für die Sauce Zwiebel und Knoblauch schälen und fein würfeln. Den Topf über der direkten Hitze auf den Rost stellen und das Öl darin erhitzen. Zwiebel und Knoblauch dazugeben und andünsten. Die restlichen Zutaten unterrühren, den Topf über die indirekte Hitze ziehen und die Sauce im geschlossenen Grill 8–10 Min. köcheln lassen.

3 Während die Currysauce köchelt, auch schon für die Würste den Rost mit etwas Öl einfetten. Die Würste über der direkten Hitze auf den Rost legen und im geschlossenen Grill 6–8 Min. grillen, dabei einmal wenden.

4 Die Currysauce mit Salz abschmecken. Die Bratwürste in grobe Stücke schneiden, auf Teller verteilen mit der Currysauce toppen. Zum Schluss noch mit Currypulver bestreuen. Perfekt dazu: Pommes oder Wedges.

Rob's  Special

Hausgemachte Bratwürste sind der Hammer. Dafür 600 g Schweinefleisch von Nacken oder Schulter und 200 g Frühstücksspeck (beides möglichst kalt) würfeln und durch die mittelgrobe Lochscheibe des Fleischwolfs drehen. Das Hack mit 2 Eiweißen (M), 1 EL Currypulver, 1 TL Meersalz, 1 TL gemahlenem Koriander und 1 TL Pfeffer in der Küchenmaschine mit Schneideeinsatz kurz und schnell durchmixen. Jetzt die Masse mithilfe des Wurstaufsatzes des Fleischwolfs in 2 m Schweinedarm (26/28) füllen und dann zu ca. 20 cm langen Würsten eindrehen. Das Rezept ergibt ca. 12 Schweinsbratwürste. Die Würste unbedingt im Kühlschrank lagern und möglichst rasch verbrauchen!

FRIKADELLEN
auf holländische Art

ZUBEREITEN: 35 MIN. | GRILLEN: 8 MIN. | RUHEN: 5 MIN.

FÜR 4 PERSONEN

1 Brötchen (vom Vortag)
75 ml Milch
1 Zwiebel
1 Knoblauchzehe
2 EL Olivenöl
1/2 Bund Petersilie
500 g gemischtes Hackfleisch
1 Ei
1 EL Ajvar
1 TL Senf
1 TL Worcestersauce
1 TL Chilisauce
3 EL Semmelbrösel
1 TL getrockneter Majoran
1 TL Currypulver
1 TL edelsüßes Paprikapulver
Meersalz
Pfeffer

ZUBEHÖR:

1 gusseiserne Grillpfanne

1 Den Grill für mittlere direkte Hitze (mit Deckel, 160–180°) vorbereiten.

2 Das Brötchen in kleine Würfel schneiden und in eine große Schüssel geben, mit der Milch übergießen und ca. 20 Min. einweichen.

3 Inzwischen Zwiebel und Knoblauch schälen und fein würfeln. Pfanne auf den Rost stellen und 1 EL Öl darin erhitzen. Zwiebel und Knoblauch dazugeben und 2–3 Min. andünsten. Vom Grill nehmen und auskühlen lassen.

4 Die Petersilie abbrausen, trocken schütteln und mitsamt Stängeln fein hacken. Gut die Hälfte davon mit den übrigen Zutaten, Zwiebel und Knoblauch zu den Brötchen in die Schüssel geben. Alles gut miteinander vermengen und kräftig mit Salz und Pfeffer abschmecken. Die Hackmasse mit angefeuchteten Händen zu acht gleich großen Frikadellen formen.

5 Die Frikadellen mit dem restlichen Öl (1 EL) einreiben, auf den Rost setzen und im geschlossenen Grill 6–8 Min. grillen, dabei einmal wenden und mit der übrigen Petersilie bestreuen. Dann die Frikadellen vom Grill nehmen und abgedeckt noch 4–5 Min. ruhen lassen.

Rob's Special

Das sind meine absoluten Lieblingsfrikadellen! Kommen jetzt noch Rahmkohlrabi und in Nussbutter geschwenkte kleine Kartoffeln mit auf den Teller, bin ich rundum glücklich.

MEAT BALLS

»Toskana Style«

ZUBEREITEN: 25 MIN. | GRILLEN: 20 MIN.

FÜR 4 PERSONEN

1 kg Rinderhackfleisch
1 EL edelsüßes Paprikapulver
1 EL Honig
Meersalz
Pfeffer
1 Zwiebel
2 Knoblauchzehen
2 Tomaten
1/2 Bund Petersilie
4 EL Olivenöl
250 g passierte Tomaten
200 ml Rinderfond
8 Kapernäpfel
6 Sardellenfilets (in Öl)

ZUBEHÖR:
1 gusseiserne Grillpfanne

1 Den Grill für mittlere bis hohe direkte Hitze (mit Deckel, 180–200°) vorbereiten. Die Grillpfanne 10–12 Min. im Grill vorheizen.

2 Inzwischen das Hackfleisch mit Paprikapulver, Honig und 1 TL Salz vermengen, kräftig mit Pfeffer würzen. Die Hackmasse mit angefeuchteten Händen zu 16 Hackbällchen (à 3–4 cm Ø) formen.

3 Die Zwiebel und den Knoblauch schälen, halbieren und in dünne Streifen schneiden. Tomaten waschen, Stielansätze entfernen. Tomaten in grobe Würfel schneiden. Die Petersilie abbrausen, trocken schütteln und mitsamt Stängeln fein hacken.

4 Das Olivenöl in der Pfanne erhitzen. Die Hackbällchen nebeneinander in die Pfanne setzen und 6–8 Min. rundherum grillen. Dann die Meatballs aus der Pfanne nehmen und beiseitestellen.

5 Jetzt Zwiebel und Knoblauch in die Pfanne geben und andünsten. Tomatenwürfel und passierte Tomaten dazugeben, den Fond aufgießen. Die Meatballs, die Kapernäpfel und die Sardellenfilets hinzufügen und alles im geschlossenen Grill 15–20 Min. garen. Zum Servieren mit der Petersilie toppen.

VEGGIE NUGGETS
mit Burrata-Dip

ZUBEREITEN: 25 MIN. | GRILLEN: 8 MIN.

FÜR 4 PERSONEN

600 g Wurzelgemüse (z. B. Petersilienwurzeln, Möhren, Beten, Knollensellerie) • Meersalz • 150 ml Haferdrink • 3 EL Worcestersauce • 50 g geriebener Parmesan • Pfeffer • 120 g Kichererbsenmehl • 5 EL Olivenöl • 350 ml Burrata-Dip (siehe S. 29)

ZUBEHÖR: 1 Plancha

1 Den Grill für mittlere bis hohe indirekte und direkte Hitze (mit Deckel, 200–220°) vorbereiten. Die Plancha 10–12 Min. im Grill vorheizen.

2 Inzwischen das Gemüse waschen, putzen und in 1 cm dicke Scheiben schneiden. Reichlich Wasser in einem Topf auf der Herdplatte aufkochen, salzen. Darin das Gemüse in 3–4 Min. bissfest blanchieren. In eiskaltem Wasser abschrecken, trocken tupfen.

3 Haferdrink mit der Worcestersauce und dem Parmesan verrühren. Mit Salz und Pfeffer würzen. Das Gemüse nach und nach in den Parmesan-Haferdrink tauchen und im Kichererbsenmehl wenden.

4 Öl auf die Plancha gießen. Gemüsescheiben auf die Plancha legen und 6–8 Min. im geschlossenen Grill grillen, dabei einmal wenden. Dann in mundgerechte Nuggets schneiden. Mit dem Dip servieren.

FISH FINGERS
mit Mais-Ricotta-Dip

ZUBEREITEN: 15 MIN. | GRILLEN: 8 MIN.

FÜR 4 PERSONEN

600 g Seelachsfilet • 1 Zitrone • 3 EL Sojasauce • 150 g Kürbiskerne • 50 g Speisestärke • Meersalz • Pfeffer • 6 EL Rapsöl • 350 ml Mais-Ricotta-Dip (siehe S. 29)

ZUBEHÖR: 1 gusseiserne Grillpfanne

1 Den Grill für mittlere bis hohe direkte Hitze (mit Deckel, 180–200°) vorbereiten. Die Grillpfanne 10–12 Min. im Grill vorheizen.

2 Inzwischen das Seelachsfilet in ca. 2 cm dicke und 6 cm lange Streifen schneiden. Die Zitrone auspressen und den Saft mit der Sojasauce verrühren. Die Fischfiletstreifen damit vermengen.

3 Die Kürbiskerne im Blitzhacker möglichst fein zerkleinern und mit der Speisestärke in einen ausreichend großen Gefrierbeutel geben. Die Panade mit Salz und Pfeffer würzen.

4 Jetzt nach und nach den Seelachs panieren. Dazu die Filetstreifen portionsweise in den Beutel geben, den Beutel verschließen und durchschütteln.

5 Das Rapsöl in der Pfanne erhitzen. Darin die Fish Fingers 6–8 Min. im geschlossenen Grill grillen, dabei einmal wenden. Dann auf Küchenpapier entfetten. Mit dem Dip servieren. Wer mag, stellt dazu noch Kartoffelstampf (mit saurer Sahne, Butter, geriebenem Käse, Frühlingszwiebelringen und Zitronensaft verfeinert) mit auf den Tisch.

Sun goes down

BARBECUE-PARTY

Ich liebe es, nach einer Tour nach Hause zu kommen, meine Freunde um mich zu haben und für sie zu grillen. Ich verrate dir, welche Gerichte immer gut ankommen!

GRILLEN
für viele Gäste

Ich werde oft gefragt, wieso ich noch immer in Osnabrück wohne. In der Stadt, in der ich geboren wurde, wenn ich auf der ganzen Welt leben könnte. Aber was soll ich in New York oder Dubai? Mein Zuhause ist für mich da, wo meine Familie und meine Freunde sind. Sie sind für mich das Wichtigste überhaupt. Das, worum es im Leben geht. Alles andere, was ich in meinem Job und beim Rumreisen erlebe, diese ganze Glitzerwelt, das ist doch nicht real. Klar stehe ich oft vor 40 000 Menschen auf der Bühne, die zu meiner Musik feiern und durchdrehen. Das macht mir Spaß, ich liebe meinen Beruf. Doch wenn ich danach im Hotelzimmer bin, auf meinem Bett liege und alles verarbeite, was ich zuvor gesehen habe, dann bin ich immer noch der kleine Bengel von früher. Darum mache ich auch kein Geheimnis daraus, dass es mich nervös macht, wenn ich Pressetermine habe oder Interviews geben soll. Ich fühle mich dabei überhaupt nicht wohl und möchte daher lieber meine Musik für mich sprechen lassen. Das ist auch der Grund, wieso meine Sonnenbrille zu meinem Markenzeichen geworden ist, sie ist für mich so etwas wie mein Schutzschild. Dahinter fühle ich mich sicher. Viele Menschen sehen mich als Superstar, doch ich bin immer noch ganz normal und bodenständig und das möchte ich auch unbedingt bleiben.

>>> Mein Zuhause ist da, wo meine Familie und meine Freunde sind.

MEINE BASE

Auch deshalb ist mir die Zeit mit meinen Freunden so wichtig, viele von ihnen kenne ich seit der Schulzeit. Sie kommen mich im Sommer zwar ab und zu auf Ibiza besuchen, aber wenn ich nicht in Osnabrück wohnen würde, wäre es gar nicht möglich, sich regelmäßig zu sehen. Und darum verbringe ich meine wenigen freien Tage eben auch weiterhin am liebsten in dem Ort, in dem die Menschen leben, die mir wichtig sind. Osnabrück ist einfach mein Ruhepol, meine Base, die mir Halt und Stabilität gibt. Hier kann ich aus meinem Alias zurück zu der normalen Person kommen, die ich bin, und mich entspannen. Auch weil ich weiß, dass ich meinen Freunden blind vertrauen kann. Das ist in der Branche natürlich nicht immer so, daher schätze ich das ebenfalls sehr. Obwohl man Freundschaften und Business normalerweise trennen sollte, arbeite ich mit einigen Kumpels beruflich zusammen und finde das grundsätzlich eine gute Sache. Weil ich dadurch auch auf Reisen von Menschen umgeben bin, die mir wichtig sind und die ich sonst nur sehr selten sehen würde.

MEINE CREW

Wenn ich nach einer Tour zurück nach Hause komme, brauche ich erst mal Zeit für mich allein. Ich kann es aber auch kaum abwarten, wieder alle Freunde um mich herum zu haben und für sie zu grillen. Wenn sie sagen: »Du kannst so stolz sein, was aus dir geworden ist, und trotzdem bist du noch immer der Alte«, dann ist dies das schönste Kompliment, das sie mir machen können. Sie freuen sich mit mir über meinen Erfolg, aber er hat zwischen uns nichts verändert. Auch nice: Bei den BBQ-Partys kann ich ordentlich die Musik aufdrehen und laut sein, weil ich keine Nachbarn habe ...

»NACH EINER TOUR BRAUCHE ICH ERST MAL ZEIT FÜR MICH ALLEIN. ICH KANN ES ABER AUCH KAUM ABWARTEN, WIEDER ALLE FREUNDE UM MICH HERUM ZU HABEN UND FÜR SIE ZU GRILLEN.«

WASSERMELONEN-PIZZA

mit Ur-Tomaten

ZUBEREITEN: 25 MIN. | GRILLEN: 10 MIN.

FÜR 6 PERSONEN

1/2 kg Wassermelone (möglichst kernlos) • 4 EL Rapsöl • 400 g bunte Ur-Tomaten • 16 schwarze Oliven (ohne Stein) • 4 EL schwarze Oliven (ohne Stein) • 1 Handvoll Rucola • Meersalz • Pfeffer • 350 ml Thousand Island Dressing (siehe S. 29)

1. Den Grill für sehr hohe direkte Hitze (mit Deckel, 260–280°) vorbereiten.

2. Die Melone waschen und trocken tupfen, dann oben und unten die »Endstücke« abschneiden. Die Melone in 2–3 cm dicke Scheiben schneiden und die Schnittflächen mit dem Öl einpinseln.

3. Die Tomaten waschen, Stielansätze entfernen. Die Tomaten in mundgerechte Stücke schneiden. Die Oliven in dünne Ringe schneiden. Rucola verlesen, abbrausen und trocken schütteln.

4. Die Melonenscheiben auf den Rost legen und im geschlossenen Grill 8–10 Min. grillen, dabei einmal wenden. Mit Salz und Pfeffer würzen.

5. Die Melonenscheiben vom Grill nehmen und mit Tomaten, Oliven und Rucola belegen. Zum Schluss noch mit dem Dressing toppen. Zum Servieren in Stücke schneiden und auf Teller verteilen.

CRISPY CHICKEN
vom Spieß

ZUBEREITEN: 15 MIN. | MARINIEREN: 30 MIN. | GRILLEN: 50 MIN.

FÜR 4 PERSONEN

2 Maishähnchen (à ca. 1 kg) • 3 EL Limonenöl • 1 TL brauner Zucker • 1 TL Meersalz • 1 Bio-Zitrone • 4 Stängel Petersilie

ZUBEHÖR: 1 Drehspieß mit Motor (Rotisserie, passend zum Grill) • 1 Auffangschale • 1 Fleischthermometer

1 Die Maishähnchen abbrausen, trocken tupfen und rundherum mit dem Limonenöl einpinseln. Zucker und Salz vermischen, die Hähnchen gleichmäßig damit einreiben. Mit Folie abdecken und ca. 30 Min. im Kühlschrank marinieren.

2 Den Grill für mittlere indirekte Hitze (mit Deckel, 160–180°) sowie zum Grillen mit dem Drehspieß (Rotisserie) vorbereiten. Eine Auffangschale mit ausreichend Wasser bereitstellen.

3 Jetzt am Drehspieß die untere Kralle fixieren. Die Hähnchen aufspießen und mit der zweiten Drehspießkralle fixieren. Die Auffangschale in den Grill stellen und den Spieß in die vorgesehene Vorrichtung einhängen. Motor der Rotisserie anschalten, den Deckel des Grills schließen. Die Hähnchen 45–50 Min. grillen (Kerntemperatur 76–80°).

4 Die Zitrone heiß waschen und abtrocknen, die Schale fein abreiben, den Saft auspressen. Die Petersilie abbrausen, trocken schütteln und mitsamt Stängeln fein hacken.

5 Fertige Crispy Chicken vom Spieß nehmen und auf ein Brett legen. Mit der Petersilie bestreuen und mit Zitronenschale und -saft verfeinern.

APPLE RIBS

3–2–1

ZUBEREITEN: 45 MIN. | MARINIEREN + WÄSSERN: 30 MIN. | GRILLEN: 6 STD.

FÜR 4 PERSONEN

11/2 kg Baby Back Ribs
1 Rezept Lime Rub (siehe S. 26)
250 ml Apfelsaft
2 EL Apfelessig
1 EL brauner Zucker
2 EL Sojasauce
1 Rezept Bacon-Marmelade (siehe S. 29)

ZUBEHÖR:

3 Handvoll Räucherchips (z. B. Apfel, Birne, Kirsche)
1 Räucherbox
1 feuerfester Bräter (mit passendem Rost)
2 große Bögen Metzgerpapier (auch Butcher Paper oder BBQ-Papier, ersatzweise Backpapier und Alufolie kombiniert)

1 Die Baby Back Ribs von Silberhaut und überschüssigem Fett befreien, abbrausen, trocken tupfen und rundherum mit Lime Rub einreiben. Die Ribs abgedeckt im Kühlschrank mind. 30 Min. marinieren. Räucherchips in einer Schüssel mit ausreichend Wasser bedecken und mind. 30 Min. wässern, dann abgießen und gut abtropfen lassen.

2 Den Grill für niedrige indirekte Hitze (mit Deckel, 125–135°) vorbereiten.

3 Die marinierten Ribs auf den Grillrost legen. Die Räucherchips nach und nach auf der Glut verteilen, beim Gasgrill eine Räucherbox verwenden. Die Ribs ca. 3 Std. im geschlossenen Grill räuchern.

4 Dann im Bräter Apfelsaft, Essig, Zucker und Sojasauce verrühren und den zugehörigen Rost hineinsetzen. Die geräucherten Ribs auf den Rost im Bräter legen und mit Metzgerpapier abdecken. So vorbereitet die Ribs im Grill weitere 2 Std. dämpfen.

5 Die gedämpften Rips auspacken, dabei den angesammelten Fleischsaft auffangen. Fleischsaft mit der Marmelade verrühren, die Ribs rundherum damit einpinseln. Die Ribs wieder auf den Grillrost legen und in ca. 1 Std. fertiggrillen, dabei immer wieder mit der Marmelade einpinseln.

Rob's Special

Die 3-2-1-Methode steht für drei Zubereitungsphasen und deren Dauer in Stunden. Dabei werden die Rippchen 3 Stunden geräuchert, 2 Stunden gedämpft und 1 Stunde samt einer Glasur gegrillt. Insgesamt liegen die 3-2-1-Ribs also 6 Stunden auf dem Grill.

SCHWEINEBAUCH

»Malaysia«

ZUBEREITEN: 30 MIN.

GRILLEN: 5 STD. 15 MIN.

FÜR 6 PERSONEN

1,5 kg Schweinebauch (mit Schwarte, ohne Knorpel)
50 g Lardo
1 Bund Frühlingszwiebeln
1 Stück Ingwer (4 cm lang)
3 rote Peperoni
3 EL brauner Zucker
200 ml Reiswein
800 ml Geflügelfond
1 Sternanis
1 kleine Zimtstange
50 ml Sojasauce
Meersalz

ZUBEHÖR:

1 gusseiserner Dutchoven

1 Den Grill für mittlere direkte Hitze (mit Deckel, 160–180°) vorbereiten. Den Dutchoven 10–12 Min. im Grill vorheizen.

2 Inzwischen den Schweinebauch in ca. 3 cm große Würfel schneiden. Den Lardo klein würfeln. Die Frühlingszwiebeln waschen, putzen und in feine Ringe schneiden. Den Ingwer schälen und fein würfeln. Peperoni waschen und samt Kernen in dünne Ringe schneiden.

3 Den Lardo in den Dutchoven geben und in 2–3 Min. unter Rühren knusprig auslassen. Die Fleischwürfel dazugeben und 10–12 Min. abgedeckt grillen.

4 Dann die Frühlingszwiebeln (2–3 EL grüne Zwiebelringe für später beiseitelegen), den Ingwer und die Peperoni in den Dutchoven geben und kurz mitgrillen. Zucker, Reiswein, Fond, Gewürze und Sojasauce untermischen und den Schweinebauch im geschlossenen Grill 4–5 Std. schmoren.

5 Den fertigen Schweinebauch mit Salz würzen und die beiseitegelegten Frühlingszwiebeln darüberstreuen. Fertig! Servierst du noch Jasminreis dazu, hat dieses Gericht einen absoluten Suchtfaktor.

BEEF STICKS

in würziger Zwiebelsauce

ZUBEREITEN: 35 MIN. | MARINIEREN + WÄSSERN: 30 MIN. | GRILLEN: 5 STD. 55 MIN.

FÜR 8 PERSONEN

2,5 kg Beef Short Ribs
2 Rezepte Sweet Chili Powder (siehe S. 26)
3 rote Zwiebeln
1/2 Knoblauchknolle
1 rote Peperoni
3 EL Rapsöl
1 EL gemahlener Koriander
50 ml Ahornsirup
3 EL Tomatenmark
200 g passierte Tomaten
250 ml Rotwein
250 ml Malzbier
1 l Rinderfond
Meersalz

ZUBEHÖR:

3 Handvoll Räucherchips (z. B. Apfel, Birne, Kirsche)
1 Räucherbox
1 gusseiserner Dutchoven

1 Die Beef Short Ribs von Silberhaut und überschüssigem Fett befreien, abbrausen, trocken tupfen und rundherum mit dem Sweet Chili Powder einreiben. Die Ribs abgedeckt im Kühlschrank mind. 30 Min. marinieren. Die Räucherchips in einer Schüssel mit ausreichend Wasser bedecken und mind. 30 Min. wässern, dann abgießen und gut abtropfen lassen.

2 Den Grill für niedrige indirekte und direkte Hitze (mit Deckel, 125–135°) vorbereiten.

3 Die marinierten Ribs über der indirekten Hitze auf den Rost legen. Räucherchips nach und nach auf der Glut verteilen, beim Gasgrill eine Räucherbox verwenden. Die Ribs ca. 2 Std. im geschlossenen Grill räuchern.

4 Dann Zwiebeln und Knoblauch schälen und klein würfeln. Die Peperoni waschen, putzen und in ca. 1 cm dicke Ringe schneiden. Den Dutchoven über der direkten Hitze auf den Rost stellen und das Öl darin erhitzen. Zwiebeln, Knoblauch, Peperoni, Koriander und Sirup dazugeben und abgedeckt 20–25 Min. schmoren. Dabei gelegentlich umrühren.

5 Nun das Tomatenmark untermischen und kurz mitrösten. Mit passierten Tomaten, Rotwein, Malzbier und Rinderfond auffüllen und die Sauce zum Kochen bringen, salzen. Die geräucherten Ribs hochkant in den Dutchoven stellen und 2 Std. 30 Min.–3 Std. im geschlossenen Grill schmoren.

6 Zum Schluss noch die Ribs aus der Sauce nehmen und über der indirekten Hitze auf den Rost legen. Sauce durch ein feines Sieb gießen und zurück in den Dutchoven geben. Die Ribs ca. 30 Min. grillen, dabei immer wieder mit der Sauce einpinseln, die während des Grillens auf etwa die Hälfte einkocht. Die fertigen Beef Sticks mit der restlichen Zwiebelsauce servieren.

RÄUCHERSPARGEL

mit Honigmelone und Mozzarella

ZUBEREITEN: 30 MIN. | WÄSSERN: 30 MIN.

FÜR 4 PERSONEN

20 Stangen grüner Spargel
3 EL Olivenöl
Meersalz
8 Scheiben Parmaschinken
1/4 Honigmelone
125 g Mini-Mozzarella
1/2 Bund Koriandergrün
3 EL Honig
2 EL Aceto balsamico bianco
Pfeffer
250 ml Himbeer-Erdnuss-Vinaigrette (siehe S. 29)

ZUBEHÖR:

1 Handvoll Räucherchips (z. B. Apfel, Birne, Kirsche)
1 Räucherbox

1 Die Räucherchips in einer Schüssel mit ausreichend Wasser bedecken und mind. 30 Min. wässern, dann abgießen und gut abtropfen lassen.

2 Den Grill für niedrige bis mittlere direkte Hitze (mit Deckel, 140–160°) vorbereiten.

3 Den Spargel waschen, holzige Enden abschneiden und die Stangen im unteren Drittel schälen. Den Spargel mit Öl einreiben, mit Salz würzen und auf den Rost legen. Räucherchips nach und nach auf der Glut verteilen, beim Gasgrill eine Räucherbox verwenden.

4 Den Spargel im geschlossenen Grill 8–10 Min. grillen und räuchern, dabei 3–4 Min. vor Grillzeitende den Parmaschinken mit auf den Rost legen. Spargel und Schinken jeweils zur Hälfte der Grillzeit einmal wenden.

5 Inzwischen die Honigmelone schälen, von den Kernen befreien und in grobe Stücke schneiden. Die Mini-Mozzarella-Kugeln gut abtropfen lassen. Das Koriandergrün abbrausen, trocken schütteln und mitsamt Stängeln nur ganz grob zerkleinern. Alles mit Honig und Balsamessig in einer Schüssel vermischen. Mit Salz und Pfeffer würzen.

6 Den Spargel auf einer großen Platte oder auf Tellern anrichten und mit der marinierten Melone und dem Mozzarella toppen. Den Schinken in Stücke brechen und darüberstreuen, alles mit der Vinaigrette beträufeln.

KESSELKNALL

mit Süßkartoffeln und Datteln

ZUBEREITEN: 20 MIN. | GRILLEN: 28 MIN.

FÜR 4 PERSONEN

800 kg Süßkartoffeln
2 rote Zwiebeln
1 rote Paprika
2 Tomaten
1 Bund Frühlingszwiebeln
100 g Datteln (ohne Stein)
50 g Speckwürfel
1 TL Currypulver
Meersalz
Chiliflocken
200 ml Gemüsefond
150 g saure Sahne

ZUBEHÖR:

1 gusseiserne Grillpfanne

1. Den Grill für mittlere indirekte Hitze (mit Deckel, 160–180°) vorbereiten. Die Grillpfanne 10–12 Min. im Grill vorheizen.

2. Inzwischen die Süßkartoffeln schälen, längs vierteln und quer in 1 cm dicke Scheiben schneiden. Die roten Zwiebeln schälen und in 1 cm dicke Scheiben schneiden. Die Paprika waschen, halbieren, weiße Trennwände und Kerne entfernen. Die Hälften in grobe Stücke schneiden. Die Tomaten waschen, Stielansätze entfernen. Tomaten grob würfeln. Frühlingszwiebeln waschen, putzen und in 1 cm dicke Ringe schneiden. Die Datteln klein schneiden.

3. Die Süßkartoffeln mit den Speckwürfeln in die Pfanne geben und 6–8 Min. grillen, dabei gelegentlich umrühren.

4. Dann die roten Zwiebeln dazugeben, kurz mitbraten und anschließend mit Datteln, Paprika, Tomaten und Frühlingszwiebeln belegen. Mit Curry, Salz und Chiliflocken würzen und den Fond aufgießen. Die Süßkartoffeln im geschlossenen Grill 15–20 Min. grillen, dabei ab und zu umrühren.

5. Den fertigen Kesselknall mit Salz und Chili abschmecken und auf Teller verteilen. Jede Portion mit etwas saurer Sahne toppen.

HASSELBACK-ZUCCHINI

mit fruchtigem Topping

ZUBEREITEN: 35 MIN.

FÜR 4 PERSONEN

2 Zucchini (à ca. 300 g) • 3 EL Olivenöl • Meersalz • Pfeffer • 1 Mango • 80 g getrocknete Tomaten (in Öl) • 40 g gemischte Kräuter (z. B. Schnittlauch, Petersilie, Pimpernelle, Kresse) • 50 g geriebener Cheddar

ZUBEHÖR: 1 gusseiserne Grillpfanne

1. Den Grill für mittlere indirekte Hitze (mit Deckel, 160–180°) vorbereiten.

2. Zucchini waschen, putzen und zuerst quer, dann längs halbieren. Die Hälften längs im Abstand von 1/2 cm ein-, aber nicht durchschneiden, sodass ein Fächer entsteht. Mit Öl einpinseln, salzen, pfeffern. Zucchinihälften in die Pfanne legen, auf den Grill stellen und im geschlossenen Grill 8–10 Min. grillen.

3. Inzwischen Mango schälen und das Fruchtfleisch in möglichst großen Stücken vom Kern schneiden, dann grob würfeln. Die Tomaten in kleine Würfel schneiden. Kräuter abbrausen, trocken schütteln und mitsamt Stängeln fein schneiden. Alles mit dem Cheddar vermengen, salzen, pfeffern.

4. Zucchinihälften vorsichtig ein wenig auffächern und das fruchtige Topping darauf verteilen. Die Zucchini in weiteren 5–10 Min. fertiggrillen.

DRY AGED KOTELETT

mit gegrillten Auberginen

ZUBEREITEN: 40 MIN.

FÜR 4 PERSONEN

4 trocken gereifte Schweinekoteletts (à ca. 250 g) • 2 Auberginen • 2 Bio-Zitronen • 2 Knoblauchzehen • 4 Zweige Thymian • 2 EL Schweineschmalz • Meersalz • 1 EL Butter • Pfeffer • 6 EL gehackte Petersilie

ZUBEHÖR: 1 gusseiserne Grillpfanne

1 Die Grillpfanne 12–15 Min. vorheizen. Den Grill für mittlere indirekte Hitze (mit Deckel, 160–180°) vorbereiten. Grillpfanne 10–12 Min. im Grill vorheizen.

2 Schwarte der Koteletts im Abstand von 1–2 cm bis zum Fleisch einschneiden. Auberginen waschen, putzen und in fingerdicke Scheiben schneiden. Die Zitronen heiß waschen und abtrocknen, die Schale fein abreiben, den Saft auspressen. Knoblauch und Thymian abbrausen, den Knoblauch andrücken.

3 Schmalz in der Pfanne erhitzen. Koteletts salzen, hochkant mit der Schwarte nach unten in die Pfanne setzen und im geschlossenen Grill 6–8 Min. grillen. Dann Koteletts umlegen und 4–5 Min. auf der Fleischseite grillen, dabei einmal wenden. Währenddessen Knoblauch, Thymian und Butter hinzufügen und die Koteletts immer wieder mit der Aromabutter übergießen. Koteletts aus der Pfanne nehmen und abgedeckt 4–5 Min. ruhen lassen.

4 Auberginen salzen, in die Pfanne geben und im geschlossenen Grill 6–8 Min. grillen, dabei einmal wenden. Nach dem Wenden mit Pfeffer, Petersilie, Zitronensaft und -schale verfeinern.

5 Die Koteletts in Tranchen schneiden und mit den Auberginen servieren. Perfekt dazu: Kartoffel-Wedges mit Cold Onion Rub (siehe S. 26).

GEFÜLLTER KÜRBIS
vom Grill

ZUBEREITEN: 30 MIN. | GRILLEN: 50 MIN.

FÜR 6 PERSONEN

2 Hokkaido-Kürbisse (à ca. 800 g)
2 EL Öl
Meersalz
1/2 grüner Zucchino
1/2 gelber Zucchino
150 g Brie (ersatzweise Camembert)
1 Bund Petersilie
500 g Rinderhackfleisch
1 EL edelsüßes Paprikapulver
1 EL Honig
3 EL Worcestersauce

1 Den Grill für mittlere indirekte Hitze (mit Deckel, 160–180°) vorbereiten.

2 Die Kürbisse waschen und oben einen Deckel abschneiden, zur Seite legen. Die Böden der Kürbisse leicht begradigen, ohne dabei das Fruchtfleisch zu verletzen. Mit einem Esslöffel die Kerne samt Fasern entfernen. Die Schale der Kürbisse mit Öl einreiben, innen und außen mit Salz würzen.

3 Für die Füllung Zucchini waschen, putzen und in kleine Würfel schneiden. Den Käse ebenfalls klein würfeln. Die Petersilie abbrausen und trocken schütteln, Blättchen abzupfen und fein hacken. Alles zum Hackfleisch geben und vermengen. Die Hackmasse mit 1 TL Salz, Paprikapulver, Honig und Worcestersauce würzen.

4 Die Hokkaido-Kürbisse mit der Hackmasse füllen und mit den Deckeln verschließen. Die Kürbisse auf den Rost setzen und im geschlossenen Grill 45–50 Min. grillen.

5 Zum Servieren den Kürbisdeckel entfernen, die Kürbisse leicht ausdampfen lassen und wie eine Torte in Stücke schneiden.

Rob's Special

Wer mag, gibt noch ein paar Rahmpilze mit auf die Teller. Dafür 400 g in Scheiben geschnittene Pilze mit 1 klein gewürfelten Zwiebel in 50 g Butter anbraten. Mit Salz und Pfeffer würzen, 1 TL Tomatenmark unterrühren und 200 g Sahne aufgießen. Kurz köcheln lassen, dann mit 2 EL fein gehacktem Thymian verfeinern.

DUTCH PANINI

mit geschmorter Schweineschulter

ZUBEREITEN: 30 MIN. | GRILLEN: 2 STD. 45 MIN.

FÜR 4 PERSONEN

FÜR DIE SCHULTER:
2 kg Schweineschulter (ohne Knochen)
4 rote Zwiebeln
6 Lorbeerblätter
4 Zweige Zitronenthymian
75 g Butter
3 EL Tomatenmark
Meersalz
1 TL Cayennepfeffer
75 g Mehl
250 ml Orangensaft
300 ml Rotwein
1,5 l Kalbsfond (ersatzweise Geflügelfond)

FÜR DIE PANINI:
4 Panini-Brötchen
2 EL weiche Butter
200 g Krautsalat (aus der Kühltheke)
800 g geschmorte Schweineschulter (siehe oben)
100 g Mayonnaise

ZUBEHÖR:
1 gusseiserner Dutchoven

1 Den Grill für mittlere direkte Hitze (mit Deckel, 160–180°) vorbereiten. Den Dutchoven 10–12 Min. im Grill vorheizen.

2 Inzwischen die Schweineschulter in ca. 2 cm dicke Scheiben schneiden. Die Zwiebeln schälen und vierteln. Die Lorbeerblätter und den Thymian abbrausen und trocken schütteln.

3 Für die Schulter die Butter im Dutchoven schmelzen. Das Tomatenmark dazugeben und leicht anrösten. Jetzt das Fleisch und die Zwiebeln in den Dutchoven geben und im geschlossenen Grill 12–15 Min. angrillen.

4 Fleisch und Zwiebeln mit 1 EL Salz und Cayennepfeffer würzen. Mit Mehl bestäuben und 5–10 Min. abbrennen lassen. Dann mit dem Orangensaft und dem Wein ablöschen, die Kräuter dazugeben und die Hälfte des Kalbsfonds aufgießen. Alles 45–50 Min. schmoren lassen. Anschließend die Hitze auf 140–160° reduzieren. Fleisch und Zwiebeln mit restlichem Fond aufgießen und in 1 Std. 30 Min. fertigschmoren. Mit Salz abschmecken.

5 Für die Panini die Brötchen waagerecht halbieren. Die Schnittflächen mit Butter einstreichen, dann auf dem Rost 2–3 Min. auf Sicht angrillen. Krautsalat auf den Böden verteilen, die geschmorte Schweineschulter klein zupfen und darauflegen. Mit der Mayonnaise toppen, die Deckel auflegen.

Rob's Special

Für die Dutch Panini wird nur ein Teil der geschmorten Schweineschulter benötigt. Den Rest kannst du beispielsweise wunderbar als Topping für Kartoffel-Wedges mit BBQ-Sauce benutzen.

Waves

SIDES & SNACKS

Kochen ist wie das Leben, ein großes Puzzle, das sich aus vielen kleinen Teilen zusammensetzt. Über private Höhen und Tiefen und geniale Beilagen – und wie man alles in Balance bringt.

MEIN RUHEPOL

Zeit für mich

Wenn andere auf mein Leben schauen, sehen sie nur den Erfolg. Doch wie bei jedem Menschen gibt es natürlich auch bei mir Ups and Downs. Mit 16 hatte ich einen richtigen Hänger, ich habe keine Lehre gemacht und war völlig perspektivlos. Trotz etlicher Nebenjobs bekam ich keinen Fuß auf den Boden. Ich kann mich noch genau an den Moment erinnern, als sich in meinem Kopf ein Schalter umgelegt hat und ich kapiert habe, dass ich etwas ändern muss. Ich habe dann alles auf eine Karte gesetzt und das versucht, worauf ich am allermeisten Bock hatte: Musik machen. Ich wollte das so unbedingt. Ich habe mit aller Kraft an diesem Traum festgehalten und seitdem jahrelang hart daran gearbeitet. Zum Glück hat es funktioniert, sonst hätte ich heute nichts. Die Musik hat mich wirklich gerettet.

ÜBER NACHT ZUM WELTSTAR

2013 hatte ich mit »Waves« dann plötzlich einen Megaerfolg. Der Remix landete in mehreren Ländern auf Platz 1 in den Charts und wurde später für den Grammy nominiert. Ich wurde aus dem Nichts raketenmäßig hochkatapultiert und als neuer Superstar gefeiert. Das ging alles so schnell, ich konnte es gar nicht realisieren. Erst als meine Mutter anrief und

>>> Beim Grillen fällt jegliche Anspannung von mir ab, das sind richtige Zen-Momente.

sagte: »Ich hab dich im Radio gehört«, habe ich es langsam begriffen. Dass ich es mit meiner Musik geschafft habe, als Deutschlands erfolgreichster Musikexport der letzten zwei Dekaden bezeichnet zu werden, ist für mich noch immer surreal. Ich bin einfach nur unfassbar stolz, dass es so gelaufen ist, wie es gelaufen ist. Es ging mir nie darum, anderen zu zeigen, was ich kann - mir war in erster Linie wichtig, mir selbst etwas zu beweisen. Dennoch zeige ich damit allen den Finger, die nicht an mich geglaubt haben.

ICH WERDE MIR IMMER TREU BLEIBEN

Natürlich habe ich eine gewisse Verlustangst, dass es mal vorbei sein könnte. Darum bin ich ehrgeizig und gebe immer 110 Prozent. Für mich ist dieses Tempo normal, ich bin hyperaktiv und immer on fire. Angst vorm Burn-out habe ich nicht, ich merke rechtzeitig, wenn mir alles zu viel wird. Mein Vorteil ist, dass ich mein eigener Chef bin. Kein Management kann mich so sehr triezen, dass ich über meine Grenzen gehe. Warum auch? Für Geld? Das ist doch Blödsinn, kein Geld der Welt kann das relativieren. Für mich ist nur entscheidend, dass ich mir selbst treu bleibe.

MEINE ZEN-MOMENTE

Genau darum war es für mich so wichtig, etwas zu finden, das mich nach einer Tour zu Hause wieder runterbringt. Früher war es die Playstation, heute ist es das Kochen. Wenn ich allein vor dem Grill stehe, bin ich total bei mir. Das tut mir gut, macht mich glücklich und lässt mich durchatmen. Das ist für mich ein richtiger Zen-Moment. Diese Zeit mit mir selbst rettet mich heute genauso, wie es die Musik gemacht hat. Und das Essen im Anschluss ist sowieso das Beste.

»WENN ICH ALLEIN VOR DEM GRILL STEHE, BIN ICH TOTAL BEI MIR. DAS TUT MIR GUT, MACHT MICH GLÜCKLICH UND LÄSST MICH DURCHATMEN.«

THUNFISCHSALAT
mit Roter Bete und Oliven

ZUBEREITEN: 25 MIN.

FÜR 4 PERSONEN

1 gelbe Paprika
200 g Kirschtomaten
3 EL Olivenöl
Meersalz
Pfeffer
1 Avocado
1/2 Kopf Eisbergsalat
1 kleine gegarte Rote Bete (ca. 80 g, vakuumverpackt)
100 g Oliven (grüne und schwarze gemischt, ohne Stein)
2 Dosen Thunfisch (in Öl, Abtropfgewicht à ca. 120 g)
100 g Maiskörner (aus der Dose)
2 Schalotten
2 EL Aceto balsamico bianco
1 Handvoll gemischte Kräuter (z. B. Kerbel, Petersilie, Basilikum, Gartenkresse)

1 Die Paprika waschen, halbieren, weiße Trennwände und Kerne entfernen. Die Hälften in dünne Streifen schneiden. Tomaten waschen und halbieren. Auf dem Herd in einer Pfanne 1 EL Öl erhitzen. Darin Paprika und Tomaten 2-3 Min. andünsten. Mit Salz und Pfeffer würzen, auskühlen lassen.

2 Inzwischen die Avocado längs halbieren und entkernen. Das Fruchtfleisch mit einem Esslöffel aus der Schale lösen und in dünne Scheiben schneiden. Den Salat waschen, putzen und in breite Streifen schneiden. Die Rote Bete in dünne Scheiben schneiden. Die Oliven in Ringe schneiden. Den Thunfisch abtropfen lassen und in kleine Stücke zerpflücken.

3 Alle vorbereiteten Salatzutaten mit den Maiskörnern in eine Schüssel geben. Die Schalotten schälen, fein würfeln und mit dem Essig und dem restlichen Öl (2 EL) vermischen. Die Vinaigrette kräftig mit Salz und Pfeffer würzen und unter den Salat mischen.

4 Die Kräuter abbrausen und trocken schütteln, die Blättchen abzupfen und nach Belieben grob oder fein hacken. Thunfischsalat auf Teller verteilen und mit den Kräutern garnieren.

FARMER SALAD

»City Style«

ZUBEREITEN: 20 MIN.

FÜR 4 PERSONEN

600 g Weißkohl • 2 EL Sonnenblumenöl • 4 Gewürzgurken (plus 3 EL Gurkenwasser) • 200 g Möhren • 1/2 Bund Petersilie • Meersalz • 150 g Maiskörner (aus der Dose) • 100 g Mayonnaise • 1 EL BBQ-Sauce • 1 EL Ketchup • 2 EL Joghurt • 1 Msp. Cayennepfeffer

1 Den Weißkohl waschen, putzen, vierteln und den Strunk entfernen. Den Kohl in sehr feine Streifen schneiden oder hobeln.

2 Auf dem Herd in einer großen Pfanne das Öl erhitzen. Darin den Weißkohl bei sehr hoher Hitze kräftig anbraten. Sobald die Weißkohlstreifen eine gleichmäßige Bräune bekommen, den Kohl in eine große Schüssel umfüllen und auskühlen lassen.

3 Inzwischen die Gewürzgurken in dünne Streifen schneiden. Die Möhren schälen und in sehr feine Streifen schneiden oder hobeln. Die Petersilie abbrausen, trocken schütteln und mitsamt Stängeln fein hacken.

4 Den Kohl mit Salz würzen. Die Gurke samt Gurkenwasser, Möhren und Petersilie dazugeben und alles vermengen. Jetzt auch noch die übrigen Zutaten untermischen und den Farmer Salad mit Salz und Cayennepfeffer abschmecken.

KARTOFFELSALAT
von der Plancha

ZUBEREITEN: 15 MIN.

GRILLEN: 20 MIN.

FÜR 4 PERSONEN

600 g kleine junge Kartoffeln • 1/2 Bio-Salatgurke • 2 rote Zwiebeln • 2 Knoblauchzehen • 50 g Speckwürfel • Meersalz • Pfeffer • 1 EL Mayonnaise • 1 EL saure Sahne • 1 EL grober Dijon-Senf • 150 ml Gemüsefond

ZUBEHÖR: 1 Plancha

1 Den Grill für mittlere bis hohe direkte Hitze (mit Deckel, 180–200°) vorbereiten. Die Plancha 10–12 Min. im Grill vorheizen.

2 Inzwischen die Kartoffeln gut waschen und in fingerdicke Scheiben schneiden. Gurke waschen, längs vierteln und schräg in fingerdicke Stücke schneiden. Zwiebeln schälen und in dicke Spalten schneiden. Den Knoblauch schälen und längs vierteln oder achteln.

3 Jetzt zuerst die Speckwürfel auf der Plancha verteilen, dann die Kartoffeln und die Zwiebeln. Alles im geschlossenen Grill 12–15 Min. grillen. Nun auch Knoblauch und Gurke auf die Plancha geben und 4–5 Min. mitgrillen.

4 Den gegrillten Kartoffel-Zwiebel-Mix mit Salz und Pfeffer würzen, in eine Schüssel umfüllen und auf Raumtemperatur abkühlen lassen.

5 Mayonnaise, saure Sahne, Senf und Gemüsefond verrühren. Das Dressing zu den gegrillten Zutaten geben und alles vermischen. Den Kartoffelsalat mit Salz und Pfeffer abschmecken.

CAESAR SALAD
»Big Apple«

ZUBEREITEN: 30 MIN.

FÜR 4 PERSONEN

FÜR DEN SALAT:
2 Knoblauchzehen
2 Zweige Rosmarin
2 Zweige Thymian
4 EL Olivenöl
Meersalz
Pfeffer
1/2 Ciabatta
2 grüne Äpfel
200 g Kirschtomaten
3 Köpfe Römersalatherzen
4 Scheiben gekochter Schinken

FÜR DAS DRESSING:
1 Zitrone
2 Knoblauchzehen
2 Sardellenfilets (in Öl)
3 Eigelb
1 TL Worcestersauce
80 ml Olivenöl
100 ml Gemüsefond
Meersalz
Pfeffer
50 g Parmesan

1 Den Grill für mittlere direkte Hitze (mit Deckel, 160–180°) vorbereiten.

2 Für den Salat Knoblauch schälen und fein würfeln. Rosmarin und Thymian abbrausen, trocken schütteln und die Blättchen von den Zweigen zupfen. Alles mit dem Olivenöl verrühren, mit Salz und Pfeffer würzen. Das Ciabatta der Länge nach halbieren und mit dem Knoblauch-Kräuter-Öl einpinseln. Das Ciabatta rundherum 4–5 Min. grillen, bis sich ein typisches Grillmuster abzeichnet, dann in grobe Stücke schneiden.

3 Die Äpfel waschen, vierteln, entkernen und in dünne Spalten schneiden. Tomaten waschen und halbieren. Den Salat waschen, putzen und in die einzelnen Blätter teilen. Die Salatblätter nach Belieben noch mundgerecht zerkleinern. Den Schinken in ca. 1 cm breite Streifen schneiden.

4 Für das Dressing die Zitrone auspressen und den Saft in einen hohen Rührbecher geben. Knoblauch schälen und dazupressen. Sardellenfilets, Eigelbe und Worcestersauce dazugeben und alles mit dem Pürierstab kurz durchmixen. Nun unter weiterem Mixen das Öl zuerst tröpfchenweise, dann fließend dazulaufen lassen. Den Gemüsefond unterrühren und das Dressing mit Salz und Pfeffer würzen.

5 Den Parmesan mit dem Sparschäler in Späne hobeln oder mit der Reibe fein raspeln und mit zwei Dritteln davon das Dressing verfeinern.

6 Die Salatblätter mit Ciabatta-Würfeln, Apfelspalten, Tomaten und Schinkenstreifen auf Teller verteilen und großzügig mit dem Dressing übergießen. Zum Schluss den Caesar Salad mit dem restlichen Parmesan bestreuen.

GEFÜLLTE AVOCADO
mit Feta und Aprikosen

ZUBEREITEN: 20 MIN. | GRILLEN: 8 MIN.

FÜR 4 PERSONEN

150 g Schafskäse (Feta) • 3 Aprikosen (ersatzweise 1 großer Pfirsich) • 4 Stängel Petersilie • 5 EL Sonnenblumenkerne • 3 EL saure Sahne • Meersalz • Pfeffer • 1/2 Zitrone • 2 Avocados • 1 EL Olivenöl

1 Den Grill für mittlere bis hohe indirekte Hitze (mit Deckel, 180–200°) vorbereiten.

2 Den Schafskäse in kleine Würfel schneiden. Die Aprikosen waschen, halbieren, entsteinen und ebenfalls klein würfeln. Die Petersilie abbrausen, trocken schütteln und samt Stängeln fein hacken. Alles mit Sonnenblumenkernen und saurer Sahne verrühren. Mit Salz und Pfeffer würzen.

3 Die Zitrone auspressen. Avocados längs halbieren und entkernen. Das Fruchtfleisch der Avocadohälften mit Zitronensaft und Olivenöl einreiben, mit Salz und Pfeffer würzen.

4 Die Feta-Aprikosen-Mischung auf den Avocadohälften verteilen. Avocados auf den Rost setzen und im geschlossenen Grill 6–8 Min. grillen, dann sofort servieren. Keine Lust aufs Grillen? Dann die gefüllten Avocados einfach kalt genießen. Sie schmecken so oder so gleich fantastisch.

SMASHED POTATOES
mit Tomaten und Oliven

ZUBEREITEN: 20 MIN.

GRILLEN: 45 MIN.

FÜR 4 PERSONEN

800 g mittelgroße mehligkochende Kartoffeln • 40 g gemischte Kräuter (z. B. Petersilie, Schnittlauch, Estragon, Pimpernelle, Gartenkresse) • 50 g Kirschtomaten • 50 g Oliven (grüne und schwarze gemischt, ohne Stein) • 200 g saure Sahne • 4 EL Dijon-Senf • Meersalz • Pfeffer

1 Den Grill für mittlere bis hohe indirekte Hitze (mit Deckel, 180–200°) vorbereiten.

2 Die Kartoffeln gründlich waschen, trocknen und auf den Rost legen. Kartoffeln im geschlossenen Grill in 40–45 Min. weich grillen.

3 Die fertigen Kartoffeln vom Grill nehmen und 5–8 Min. ausdampfen lassen.

4 Inzwischen Kräuter abbrausen, trocken schütteln und mitsamt Stängeln fein schneiden oder grob hacken. Die Tomaten waschen und vierteln oder achteln. Die Oliven in dünne Ringe schneiden.

5 Die saure Sahne mit dem Dijon-Senf und zwei Dritteln der Kräuter verrühren. Den Dip mit Salz und Pfeffer würzen.

6 Die ausgedampften Kartoffeln auf eine große Platte geben und mit einem kleinen Teller oder einem kleinen Topf platt drücken. Mit Salz und Pfeffer würzen. Die Tomaten, die Oliven und den Sauerrahmdip darauf verteilen. Zum Schluss noch mit den restlichen Kräutern bestreuen.

FRITTIERTE GRÜNE TOMATEN

mit Paprikasalsa

ZUBEREITEN: 35 MIN.

FÜR 4 PERSONEN

FÜR DIE SALSA:

2 rote Paprika
2 Knoblauchzehen
2 Schalotten
2 grüne Peperoni
4 Stängel Petersilie
2 EL Honig
2 EL Aceto balsamico bianco
Meersalz

FÜR DIE TOMATEN:

1 l Frittieröl
150 g Tempurako (Tempurateig-Mehlmischung, aus dem Asienladen)
1 TL Currypulver
Meersalz
400 g grüne Tomaten (z. B. Green Zebra oder Green Moldovan)
80 g Mehl

1 Für die Salsa die Paprika waschen, halbieren, weiße Trennwände und Kerne entfernen. Von den Hälften mit dem Sparschäler die Haut abschälen, dann die Paprika in winzige Würfel schneiden. Knoblauch und Schalotten schälen und fein würfeln. Die Peperoni waschen und samt Kernen fein hacken. Die Petersilie abbrausen, trocken schütteln und samt Stängeln fein hacken.

2 Alle vorbereiteten Zutaten in einer Schüssel vermischen. Honig und Essig unterrühren, die Salsa kräftig mit Salz würzen. Kurz ziehen lassen.

3 Für die Tomaten das Frittieröl in einem großen weiten Topf auf der Herdplatte auf 160–175° erhitzen. Zum Überprüfen der Temperatur ein Holzstäbchen in das heiße Öl tauchen. Entstehen sofort kleine Bläschen, passt die Hitze und es kann frittiert werden.

4 Während das Öl aufheizt, die Tempurateig-Mehlmischung mit dem Currypulver in eine Rührschüssel geben und 250 ml kaltes Wasser dazugießen. Beides mit dem Schneebesen 10–15 Sek. kräftig verrühren, bis ein glatter Teig entstanden ist, der kleine Bläschen wirft. Mit Salz abschmecken.

5 Tomaten waschen, Stielansätze entfernen. Die Tomaten halbieren und in fingerdicke Spalten schneiden. Die Tomatenspalten portionsweise im Mehl wenden, dann durch den Teig ziehen und ins heiße Frittieröl gleiten lassen. Darin die Tomaten in 6–8 Min. goldbraun ausbacken. Mit dem Schaumlöffel herausnehmen, auf Küchenpapier entfetten. Nach Belieben die bereits frittierten Tomaten warm stellen, bis alle Tomaten ausgebacken sind.

6 Zum Servieren die frittierten grünen Tomaten auf einer Platte anrichten und mit Salz würzen. Die Paprikasalsa dazu reichen.

BEANS & CHEESE

aus der Grillpfanne

ZUBEREITEN: 30 MIN.

FÜR 4 PERSONEN

600 g grüne Bohnen (gegart, vom Vortag)
2 rote Zwiebeln
2 Knoblauchzehen
1 Bund Frühlingszwiebeln
4 Stängel Petersilie
2 Zweige Bohnenkraut
4 EL Olivenöl
75 g geriebener Cheddar
Meersalz
Pfeffer
2 Prisen frisch geriebene Muskatnuss

ZUBEHÖR:

1 gusseiserne Grillpfanne

1 Den Grill für mittlere bis hohe direkte Hitze (mit Deckel, 180-200°) vorbereiten. Die Grillpfanne 10-12 Min. im Grill vorheizen.

2 Inzwischen die grünen Bohnen halbieren oder dritteln. Die roten Zwiebeln und den Knoblauch schälen und in Spalten schneiden. Frühlingszwiebeln waschen, putzen und in 4-5 cm lange Stücke schneiden. Die Petersilie und das Bohnenkraut abbrausen und trocken schütteln, die Blättchen abzupfen und fein hacken.

3 Das Olivenöl in der Pfanne erhitzen. Darin rote Zwiebeln und Knoblauch 3-4 Min. andünsten. Die Bohnen dazugeben und 4-5 Min. mitdünsten.

4 Jetzt noch die Kräuter, die Frühlingszwiebeln und den Käse unterrühren. Die Bohnen mit Salz, Pfeffer und Muskat würzen und in weiteren 4-5 Min. fertiggrillen. Beans & Cheese kann man solo genießen oder als Beilage zu einem gegrillten Steak oder Hähnchen servieren.

Rob's Special

Wer auch noch ein paar gegarte Zuckerschoten oder breite Bohnen vom Vortag übrig hat, kann diese einfach mit unter die grünen Stangenbohnen mischen. Die Kombi passt perfekt.

JALAPEÑO-RÖSTI

mit Wildkräutern

ZUBEREITEN: 15 MIN. | GRILLEN: 10 MIN.

FÜR 4 PERSONEN

600 g festkochende Kartoffeln • 6 Jalapeños • Meersalz • Pfeffer • 2 EL Butterschmalz • 4 EL Gurkenrelish • 4 EL Crème fraîche • 1 Handvoll Wildkräutersalat • 3 EL Olivenöl

ZUBEHÖR: 1 Plancha

1 Den Grill für mittlere bis hohe direkte Hitze (mit Deckel, 180–200°) vorbereiten. Die Plancha 10–12 Min. im Grill vorheizen.

2 Inzwischen die Kartoffeln schälen und mit einer groben Reibe raspeln. Jalapeños waschen, halbieren, weiße Trennwände und Kerne entfernen. Die Hälften möglichst fein würfeln. Die Kartoffelraspel mit den Jalapeños, Salz und Pfeffer würzen.

3 Das Butterschmalz auf der Plancha verteilen und erhitzen. Die Kartoffelraspel in vier Portionen auf die Plancha setzen und jeweils zu einem Rösti formen (à 8–10 cm Ø und 1–2 cm dick). Die Rösti im geschlossenen Grill 8–10 Min. grillen, dabei einmal wenden. Auf Küchenpapier entfetten.

4 Die fertigen Rösti auf Teller geben und mit Relish und Crème fraîche bestreichen. Wildkräuter darauf verteilen, salzen und mit dem Öl beträufeln.

GEGRILLTE WRAPS

mit Römersalat

ZUBEREITEN: 35 MIN.

FÜR 4 PERSONEN

2 Römersalatherzen • 2 EL Olivenöl • Meersalz • 150 g Kirschtomaten • 1 rote Zwiebel • 4 Gewürzgurken • 1 Handvoll Rucola • 2 EL Aceto balsamico bianco • 2 EL Sojasauce • 2 EL Honig • 2 EL Sesamöl • Pfeffer • 4 weiche Weizentortillas (à 22–25 cm Ø, ca. 160 g) • 4 EL Mayonnaise

1 Den Grill für mittlere bis hohe direkte Hitze (mit Deckel, 180–200°) vorbereiten.

2 Die Römersalatherzen waschen, putzen und der Länge nach vierteln. Mit Olivenöl einpinseln und mit Salz würzen. Den Salat auf den Rost legen und 4–5 Min. auf Sicht grillen, dabei ab und zu wenden. Vom Grill nehmen und abkühlen lassen.

3 Die Tomaten waschen und klein würfeln. Zwiebel schälen und in sehr feine Ringe schneiden. Die Gewürzgurken längs in dünne Scheiben schneiden. Den Rucola abbrausen und trocken schütteln.

4 Für die Vinaigrette den Essig mit der Sojasauce, dem Honig und dem Sesamöl verrühren. Mit Salz und Pfeffer würzen.

5 Die Weizentortillas gleichmäßig mit der Mayonnaise einstreichen und mit dem Römersalat, den Tomaten, den Gewürzgurken und Zwiebelringen belegen. Dabei rundherum einen kleinen Rand frei lassen. Den Belag mit der Vinaigrette beträufeln.

6 Die Ränder der Tortillas einschlagen und dann die Fladen von unten her zu einem Wrap aufrollen. Die Wraps auf den Rost legen und im geschlossenen Grill 6–8 Min. grillen, dabei einmal wenden.

OKONOMIYAKI

mit dreierlei Zwiebeln

ZUBEREITEN: 35 MIN.

FÜR 4 PERSONEN

1 kleiner Spitzkohl (ca. 800 g)
2 rote Zwiebeln
2 rote Peperoni
4 EL Sesamöl
75 g Speckwürfel
150 g asiatische Eiernudeln
300 ml Geflügelfond
3 EL Teriyaki-Sauce
3 Eier (M)
1 EL Sojasauce
1 Bund Koriandergrün
1 Bund Frühlingszwiebeln
5 EL Mayonnaise
4 EL Röstzwiebeln (Fertigprodukt)

ZUBEHÖR:
1 gusseiserne Grillpfanne

1 Den Grill für mittlere direkte Hitze (mit Deckel, 160–180°) vorbereiten. Die Grillpfanne 10–12 Min. im Grill vorheizen.

2 Inzwischen Spitzkohl waschen, putzen, vierteln und den Strunk entfernen. Kohl in dünne Streifen schneiden. Die roten Zwiebeln schälen, halbieren, in dünne Streifen schneiden. Peperoni waschen, halbieren, weiße Trennwände und Kerne entfernen. Die Hälften möglichst fein hacken.

3 Das Öl in der Pfanne erhitzen. Darin die Speckwürfel, den Kohl, die roten Zwiebeln und die Peperoni 4–5 Min. andünsten. Die Eiernudeln in grobe Stücke brechen und in die Pfanne streuen. Den Fond dazugießen und die Teriyaki-Sauce unterrühren. Die Nudeln im geschlossenen Grill 6–8 Min. garen, dabei gelegentlich umrühren.

4 In der Zeit die Eier mit der Sojasauce verrühren. Den Koriander abbrausen, trocken schütteln und mitsamt Stängeln grob hacken. Frühlingszwiebeln waschen, putzen und schräg in feine Ringe schneiden.

5 Den Eierguss und jeweils zwei Drittel des Korianders und der Frühlingszwiebeln zu den Nudeln geben. Den Guss in 4–5 Min. stocken lassen, dabei den Grill weiterhin geschlossen halten.

6 Zum Servieren das Okonomiyaki kurz abkühlen lassen, dann vierteln und auf Teller verteilen. Mit Mayonnaise toppen und mit Röstzwiebeln, übrigem Koriander und restlichen Frühlingszwiebeln bestreuen.

VEGGIE PIE

auf mediterrane Art

ZUBEREITEN: 20 MIN. | GRILLEN: 35 MIN.

FÜR 6 PERSONEN

600 g mediterranes Gemüse (z. B. Paprika, Auberginen, Zucchini, Brokkoli)
1 Zwiebel
2 Knoblauchzehen
100 g Oliven (grüne und schwarze gemischt, ohne Stein
250 ml passierte Tomaten
2 EL Kräuter der Provence
2 EL Honig
Meersalz
1/4 TL Chilipulver
2 EL Sonnenblumenöl
2 EL Mehl
2 Pck. Quiche- und Tarteteig (à ca. 32 cm Ø, aus dem Kühlregal)
5 EL Crème fraîche
1 Eigelb (M)
2 EL Milch

ZUBEHÖR:
1 gusseiserne Grillpfanne

1 Den Grill für mittlere indirekte Hitze (mit Deckel, 160-180°) vorbereiten.

2 Das mediterrane Gemüse waschen und putzen oder schälen und in kleine Stücke schneiden. Die Zwiebel und den Knoblauch schälen und fein würfeln. Die Oliven in Ringe schneiden. Alles vermischen.

3 Die passierten Tomaten mit Kräutern der Provence und Honig verrühren. Die Sauce kräftig mit Salz und Chilipulver würzen.

4 Die Pfanne wie eine Kuchenform mit dem Sonnenblumenöl einfetten und mit dem Mehl ausstreuen. Die beiden Teige aus der Packung nehmen, entrollen und vom Papier befreien. Die Pfanne mit 1 Teig auslegen, dabei rundherum einen Rand formen und diesen gut andrücken. Den zweiten Teig in zwölf Streifen (à ca. 1 cm breit) schneiden. Restlichen Teig anderweitig verwenden, etwa für Grillwürstchen im Schlafrock.

5 Die Gemüsemischung gleichmäßig auf dem Teig in der Pfanne verteilen und die Tomatensauce darübergießen. Die Crème fraîche in kleinen Klecksen daraufsetzen. Jetzt die Teigstreifen gitterförmig auflegen und leicht am Pfannenrand andrücken, überschüssigen Teig abschneiden.

6 Das Eigelb mit der Milch verrühren und das Teiggitter damit einpinseln. Die Pfanne auf den Rost setzen und den Pie im geschlossenen Grill 30-35 Min. grillen. Zum Servieren in Stücke teilen und auf Tellern anrichten. Wer mag, legt fürs Auge noch ein paar Kräuterzweige obendrauf.

ONE POT BBQ
mit Bulgur und Edamame

ZUBEREITEN: 35 MIN.

FÜR 4 PERSONEN

1 Zucchino
1/2 gelbe Paprika
1/2 grüne Paprika
1 Zwiebel
100 g Quinoa
2 EL Erdnussöl
350 ml Geflügelfond
100 g Bulgur
150 g TK-Edamame (grüne Sojabohnen, geschält)
Meersalz
Pfeffer
40 g gemischte Kräuter (z. B. Petersilie, Kerbel, Schnittlauch)
3 EL Spicy BBQ-Sauce (siehe S. 28)

ZUBEHÖR:

1 gusseiserner Dutchoven

1 Den Grill für niedrige bis mittlere direkte Hitze (mit Deckel, 140–160°) vorbereiten. Den Dutchoven 10–12 Min. im Grill vorheizen.

2 Inzwischen den Zucchino waschen, putzen und in kleine Würfel schneiden. Die Paprika waschen, weiße Trennwände und Kerne entfernen. Von den Hälften mit einem Sparschäler die Haut abschälen. Die Paprika ebenfalls in kleine Würfel schneiden. Die Zwiebel schälen und fein würfeln.

3 Die Quinoa in ein Sieb geben, heiß abbrausen und abtropfen lassen. Das Erdnussöl im Dutchoven erhitzen und darin die Quinoa anbraten. Gemüse und Zwiebel dazugeben, kurz mitbraten und mit 150 ml Fond ablöschen.

4 Jetzt den Bulgur untermischen, den restlichen Fond (200 ml) aufgießen und alles 6–8 Min. grillen. Kurz vor Grillzeitende noch die gefrorenen Sojabohnen dazugeben, mit Salz und Pfeffer würzen.

5 Dann Dutchoven vom Grill nehmen. Kräuter abbrausen, trocken schütteln und mitsamt Stängeln fein schneiden. Mit der BBQ-Sauce unter das One-Pot-Gericht mischen. Dieses 5–6 Min. ziehen lassen und lauwarm servieren.

SCHARFE SESAMGURKEN

mit Ingwer und Minze

ZUBEREITEN: 25 MIN.

FÜR 4 PERSONEN

2 Salatgurken • 4 Gewürzgurken • 2 rote Zwiebeln • 4 Knoblauchzehen • 100 g Ingwer • 2 rote Peperoni • 4 EL Sesamöl • 200 g TK-Edamame (Sojabohnen, geschält) • 50 ml Sojasauce • 3 EL Reiswein • 3 EL Reisweinessig • 1/2 Bund Minze • 2 EL gerösteter Sesam

ZUBEHÖR: 1 gusseiserne Grillpfanne

1 Den Grill für mittlere bis hohe direkte Hitze (mit Deckel, 180–200°) vorbereiten. Die Grillpfanne 10–12 Min. im Grill vorheizen.

2 Die Salatgurken waschen und der Länge nach mit einem Sparschäler in Streifen »schneiden« (die Kerne in der Mitte aussparen). Die Gewürzgurken in dünne Scheiben schneiden. Zwiebeln, Knoblauch und Ingwer schälen und sehr fein würfeln. Die Peperoni waschen und in feine Ringe schneiden.

3 Öl in der Pfanne erhitzen. Darin Zwiebeln, Knoblauch, Ingwer und Peperoni 4–5 Min. andünsten. Gefrorene Edamame, Salat- und Gewürzgurken dazugeben, kurz mitgrillen. Vom Grill nehmen, mit Sojasauce, Reiswein und -essig ablöschen.

4 Minze abbrausen und trocken schütteln, Blättchen hacken. Mit dem Sesam unter die Gurken mischen.

GEGRILLTER MAIS
mit Limette und Fenchel

ZUBEREITEN: 1 STD.

FÜR 4 PERSONEN

4 Maiskolben • 2 Fenchel (mit frischem Grün) • 2 große saftige Limetten • 2 EL brauner Zucker • Meersalz • 50 g Butter • 2 EL Honig • 1/2 Bund Zitronenmelisse • 1 Handvoll gesalzenes Popcorn

ZUBEHÖR: 1 gusseiserner Dutchoven

1 Den Grill für mittlere bis hohe direkte Hitze (mit Deckel, 180–200°) vorbereiten. Den Dutchoven 10–12 Min. im Grill vorheizen.

2 Inzwischen, falls nötig, die Maiskolben von den Hüllblättern befreien, dann waschen. Die Fenchel waschen, putzen und das Grün beiseitelegen. Die Fenchel vierteln, vom Strunk befreien und in feine Scheiben hobeln. Die Limetten auspressen.

3 In den Dutchoven 3 l Wasser füllen, Zucker, Salz und drei Viertel des Limettensafts dazugeben, zum Kochen bringen. Die Maiskolben in den Sud geben und im geschlossenen Grill in 25–30 Min. weich garen. Die fertigen Maiskolben aus dem Sud nehmen und abtropfen lassen, den Sud weggießen.

4 Den Dutchoven erneut im Grill 6–8 Min. vorheizen, die Butter darin schmelzen. Fenchel, den übrigen Limettensaft und den Honig hineingeben. Fenchel 3–4 Min. braten, mit Salz würzen. Während der Fenchel brät, den Mais auf den Rost legen und in 4–5 Min. goldbraun grillen, dabei immer wieder mal wenden. Melisse abbrausen und trocken schütteln, die Blättchen abzupfen und nach Belieben hacken.

5 Die Maiskolben mit dem Fenchel und dem Popcorn auf Tellern anrichten. Mit der Zitronenmelisse und dem beiseitegelegten Fenchelgrün bestreuen.

Sugar

SÜSSES ZUM GENIESSEN

Mein Beruf als DJ ist aufregend, aber auch extrem stressig. Womit ich mir mein Leben versüße und welche genialen Desserts du auf einem Grill zubereiten kannst, zeige ich dir hier.

UPS & DOWNS

meine persönliche Reise

Mein Leben wirkt nach außen hin in gewisser Weise sehr luxuriös, ich darf mit einem Privatjet zu meinen Shows reisen und dabei außergewöhnliche Orte kennenlernen. Doch wenn ich mir und den Menschen in meinem Umfeld diesen Luxus nicht gönnen dürfte, wofür würde ich denn dann so viel arbeiten? Es kann doch jederzeit passieren, dass das Leben vorbei ist. Dann hätte ich Geld gespart, bin aber nicht mehr da. Leider sind die Deutschen eine Neidgesellschaft und ich habe immer das Bedürfnis, mich rechtfertigen zu müssen. Aber man kann doch sein Luxusleben genießen und trotzdem down to earth sein! Privat gehe ich wie jeder andere im Supermarkt einkaufen und mache Fahrradtouren.

MEIN ERFOLG

Ja, ich produziere heute Musik, die den Leuten gefällt. Aber das macht mich nicht zu einem anderen Menschen – und ich bin sicher nicht besser als irgendwer anders. Selbst wenn ich auf Tour in Fünf-Sterne-Hotels übernachte und auch gerne mal einen raushängen lasse, weiß ich das alles zu schätzen. Weil ich es mir selbst erarbeitet habe, das hat mir keiner geschenkt. Ich habe mich selbst aufgebaut und hochgezogen, als es mir niemand zugetraut hatte.

MEINE WURZELN

Glaub mir, ich habe wirklich richtige Scheiße mitgemacht. Darum werde ich nie vergessen, wo ich herkomme. Und genau deshalb bin ich stolz darauf, was ich erreicht habe. Das hat absolut nichts mit Selbstverliebtheit zu tun. Es gibt noch immer so viele Tage, an denen ich morgens zu Hause aufwache, raus in den Garten schaue und nur denke: Alter, das gehört alles dir? Wie hast du das hingekriegt? Ich realisiere das auch nach acht Jahren noch immer nicht. Ich bin einfach unfassbar dankbar, dass so viele Menschen mögen, was ich mache. Dass ich das alles erleben darf und du mich auf dieser Reise begleitest und die süßen Momente des Lebens mit mir teilst.

››› Mir hat keiner etwas geschenkt, ich habe mir alles selbst aufgebaut. Ich realisiere meinen Erfolg noch heute nicht.

»

ICH BIN STOLZ DARAUF, WAS ICH ERREICHT HABE, WEIL ES MIR KEINER ZUGETRAUT HAT. UND WEIL ICH ES MIR SELBST ERARBEITET HABE.

«

FUDGE-KÜCHLEIN

mit Heidelbeeren

ZUBEREITEN: 15 MIN. | GRILLEN: 25 MIN.

FÜR 4 PERSONEN

2 Brioche-Brötchen
200 g Heidelbeeren
1 Bio-Zitrone
1 EL weiche Butter
2 EL Zucker
16 Karamell-Fudges (siehe Tipp, ersatzweise softe Karamellbonbons)
120 ml Milch
80 g Sahne
4 Eigelb (M)
4 EL Honig
4 EL Mandelblättchen
Puderzucker zum Bestäuben

ZUBEHÖR:

4 feuerfeste Soufflé-Förmchen (à 100 ml, 11 cm Ø)

1 Den Grill für mittlere indirekte Hitze (mit Deckel, 160–180°) vorbereiten.

2 Die Brötchen in 1 cm große Würfel schneiden. Die Heidelbeeren verlesen, abbrausen und trocken tupfen. Die Zitrone heiß waschen und abtrocknen, die Schale fein abreiben. Die Förmchen mit der Butter einfetten und gleichmäßig mit dem Zucker ausstreuen.

3 Die Brötchenwürfel, die Heidelbeeren und die Karamell-Fudges auf die Förmchen verteilen. Die Milch mit Sahne, Eigelben, Honig und Zitronenschale verrühren und in die Förmchen gießen. Zum Schluss noch die Mandelblättchen aufstreuen.

4 Die Förmchen auf den Rost stellen und die Küchlein im geschlossenen Grill 20–25 Min. grillen. Herausnehmen und die Fudge-Küchlein etwas abkühlen lassen, dann zum Servieren mit etwas Puderzucker bestäuben.

Rob's Special

Fudge selbst herstellen? Nichts leichter als das! Dazu einfach 150 g Zucker mit 150 ml Wasser zum Kochen bringen und sirupartig einkochen. Sobald sich der Sirup hellbraun verfärbt, vom Herd nehmen und 50 g kalte Butterwürfel, 75 g Sahne und 125 g klein gehackte Vollmilch-Kuvertüre einrühren. Weiterrühren, bis die Masse eine cremige Konsistenz erreicht, dann 1–2 cm hoch in eine mit Backpapier ausgelegte Form füllen und vollständig erkalten lassen. Jetzt noch in mundgerechte Stücke schneiden. Fertig!

GEGRILLTE ANANAS

mit Kokos-Reis-Pattys

ZUBEREITEN: 40 MIN. | GRILLEN: 8 MIN.

FÜR 4 PERSONEN

FÜR DIE PATTYS:
1 EL Butter
150 g Milchreis
1 EL Zucker
1 Zitrone
500 g Kokosmilch

FÜR DIE SAUCE:
400 g Erdbeeren
50 g Honig
1 EL Speisestärke

AUSSERDEM:
1/2 Ananas
4 EL Erdnussöl
1 kleine Handvoll Zitronenmelisseblättchen

1 Für die Pattys in einem weiten Topf auf dem Herd die Butter schmelzen, Milchreis und Zucker dazugeben. Unter Rühren bei mittlerer Hitze den Reis leicht karamellisieren lassen. Zitrone auspressen und den Reis mit dem Saft ablöschen. Dann die Kokosmilch dazugießen und alles zum Kochen bringen. Milchreis bei kleiner bis mittlerer Hitze in 18–20 Min. weich köcheln lassen, dabei immer wieder umrühren. Eine flache Form mit Backpapier auslegen und den Kokosreis hineingeben, glatt streichen und auskühlen lassen.

2 Inzwischen für die Sauce Erdbeeren waschen, putzen, grob zerkleinern und mit dem Honig pürieren. Das Püree durch ein Sieb streichen. 150 ml Erdbeerpüree im Topf zum Kochen bringen. Die Stärke mit 2 EL kaltem Wasser anrühren, unter das heiße Püree rühren, aufkochen und vom Herd nehmen. Das restliche kalte Erdbeerpüree untermischen.

3 Den Grill für mittlere indirekte Hitze (mit Deckel, 160–180°) vorbereiten.

4 Die Ananas schälen und in vier fingerdicke Scheiben schneiden. Nach Belieben mit einem Kerngehäuseausstecher oder einem kleinen Messer den harten Teil in der Mitte entfernen.

5 Den ausgekühlten Reis mit angefeuchteten Händen zu vier gleich großen Pattys (à 8–10 cm) formen. Die Kokos-Reis-Pattys und die Ananasscheiben mit dem Erdnussöl einreiben, auf den Rost legen und im geschlossenen Grill 6–8 Min. grillen, dabei einmal wenden.

6 Zum Anrichten die gegrillten Ananasscheiben auf Teller verteilen und die Kokos-Reis-Pattys dazulegen. Alles mit etwas Erdbeersauce überziehen und mit den Melisseblättchen garnieren.

PEANUT CRISPIES
mit marinierten Kirschen

ZUBEREITEN: 20 MIN. | GRILLEN: 25 MIN.

FÜR 4 PERSONEN

FÜR DIE CRISPIES:

1 Pck. Blätterteig mit Butter (ca. 40 x 24 cm, aus dem Kühlregal)
200 g weiche Erdnussbutter
150 g geröstete Erdnusskerne
1 EL Öl
1 EL Puderzucker
Minzeblättchen zum Garnieren

FÜR DIE KIRSCHEN:

200 g Kirschen
1 Orange
4 EL Kirschsirup

AUSSERDEM:

Mehl zum Arbeiten

ZUBEHÖR:

1 Pizzastein

1. Den Grill für mittlere bis hohe indirekte Hitze (mit Deckel, 180–200°) vorbereiten.

2. Für die Crispies den Blätterteig entrollen, vom Papier befreien und vierteln. Drei Teigplatten mit der Erdnussbutter bestreichen und mit zwei Dritteln der Erdnusskerne bestreuen.

3. Den Pizzastein mit Mehl bestäuben und eine Erdnuss-Teigplatte mittig darauf platzieren. Die restlichen Erdnuss-Teigplatten daraufstapeln und mit der unbestrichenen Teigplatte als Deckel abschließen. Den Teigdeckel dünn mit Öl einpinseln und mit etwas Puderzucker bestäuben.

4. Den Pizzastein auf den Grillrost setzen und den Erdnuss-Blätterteig-Stapel 20–25 Min. grillen. Dabei den Grill mit dem Deckel verschließen.

5. Inzwischen die Kirschen waschen und entsteinen. Den Saft der Orange auspressen und mit dem Kirschsirup verrühren. Den Orangen-Kirschsirup mit den Kirschen mischen und diese kurz marinieren.

6. Den gegrillten Erdnuss-Blätterteig-Stapel vom Pizzastein nehmen und in kleine Rechtecke oder Quadrate schneiden. Zum Servieren die Kirschen mittig auf die Teller geben und ein paar Peanut Crispies darauf verteilen. Mit den übrigen Erdnüssen bestreuen, den Minzeblättchen garnieren und dem restlichen Puderzucker bestäuben.

ERDBEER-MANDEL-GRATIN
mit Marshmallows

ZUBEREITEN: 25 MIN.

FÜR 4 PERSONEN

1 kg Erdbeeren • 75 g weißer Rohrzucker • 50 g gemahlene gehäutete Mandeln • 50 g gehäutete Mandeln • 50 g Kürbiskerne • 200 g Marshmallows • 2 Handvoll Butterkekse

ZUBEHÖR: 1 gusseiserne Grillpfanne

1 Den Grill für mittlere bis hohe direkte Hitze (mit Deckel, 180–200°) vorbereiten.

2 Die Erdbeeren waschen, putzen, halbieren und in der Pfanne verteilen. Die Beeren gleichmäßig mit Zucker, gemahlenen und ganzen Mandeln sowie den Kürbiskernen bestreuen. Zum Schluss alles noch mit den Marshmallows belegen.

3 Die Pfanne auf den Rost stellen und die Erdbeeren im geschlossenen Grill 5–10 Min. grillen. Sobald die Marshmallows beginnen, braun zu werden, die Pfanne vom Grill nehmen.

4 Das Erdbeer-Mandel-Gratin in der Pfanne auf den Tisch stellen. Die Butterkekse dazu servieren.

GEGRILLTE PFIRISCHBOWLE

mit Milcheiscreme

ZUBEREITEN: 30 MIN.

FÜR 4 PERSONEN

12 Pfirsiche • 2 EL Rapsöl • 4 EL Honig • 3 EL Pfirsichlikör • 300 ml trockener Weißwein • 250 ml Apfelsaft • 200 g Himbeeren • 4 Stängel Minze • 4 EL gesalzene Macadamianusskerne • 4 Kugeln Milcheiscreme

ZUBEHÖR: 1 gusseiserner Dutchoven

1 Den Grill für mittlere bis hohe direkte Hitze (mit Deckel, 180–200°) vorbereiten. Den Dutchoven 10–12 Min. im Grill vorheizen.

2 Inzwischen die Pfirsiche waschen, halbieren, entsteinen und die Schnittflächen mit Öl einreiben. Die Pfirsichhälften mit der Schnittfläche nach unten auf den Rost legen und 6–8 Min. grillen, bis sich ein typisches Grillmuster abzeichnet. Die Pfirsiche vom Grill nehmen, etwas abkühlen lassen und in dicke Spalten oder grobe Würfel schneiden.

3 Jetzt zuerst den Honig, dann die Pfirsiche in den Dutchoven geben. Mit Pfirsichlikör, Weißwein und Apfelsaft ablöschen. Pfirsiche im geschlossenen Grill zum Kochen bringen, dann den Dutchoven vom Grill nehmen.

4 Die Himbeeren verlesen, falls nötig abbrausen und trocken tupfen. Die Minze abbrausen und trocken schütteln. Die Macadamianusskerne nach Belieben ganz lassen oder hacken.

5 Die gegrillte Pfirsichbowle auf Schüsseln, Dessertschalen oder weite Gläser verteilen, mit den Himbeeren und den Macadamianüssen bestreuen. Je 1 Kugel Milcheiscreme darauf verteilen und mit den Minzestängeln garnieren. Sofort servieren.

CLAFOUTIS

mit Matcha und Heidelbeeren

ZUBEREITEN: 20 MIN. | GRILLEN: 20 MIN.

FÜR 4 PERSONEN

80 g Pistazienkerne
150 g Heidelbeeren
1/2 Zitrone
120 g Mehl
1 TL Matcha-Pulver
4 Eier (M)
50 g Zucker
3 EL Pistaziensirup
ein paar Minzeblättchen für die Garnitur
Puderzucker zum Bestäuben

AUSSERDEM:

Butter für die Formen
Mehl für die Formen

ZUBEHÖR:

4 feuerfeste kleine Auflaufformen (à 120 ml, 13 cm Ø)

1 Den Grill für mittlere bis hohe indirekte Hitze (mit Deckel, 180–200°) vorbereiten. Die Formen mit Butter einfetten und mit Mehl ausstreuen.

2 Von den Pistazienkernen ein paar abnehmen und grob hacken, den Rest im Blitzhacker fein mahlen. Die Heidelbeeren verlesen und nur falls nötig abbrausen und trocken tupfen, die Zitrone auspressen. Das Mehl mit dem Matcha-Pulver sowie den gehackten und gemahlenen Pistazien gründlich vermischen. Die Eier trennen.

3 Die Eiweiße mit 2 EL Zucker und dem Zitronensaft mit den Rührbesen der Küchenmaschine oder des Handrührgeräts zu einem cremigen, festen Eischnee schlagen.

4 Die Eigelbe mit dem übrigen Zucker dickschaumig aufschlagen, dann den Pistaziensirup unterrühren. Die Mehlmischung dazugeben und unterrühren, anschließend den Eischnee locker unterheben. Den Teig auf die Formen verteilen und die Heidelbeeren daraufstreuen.

5 Die Formen auf den Rost setzen und die Clafoutis im geschlossenen Grill 15–20 Min. backen. Dann die Formen vom Grill nehmen, die Heidelbeer-Matcha-Clafoutis mit den Minzeblättchen garnieren und mit dem Puderzucker bestäuben. Noch warm servieren.

FREAK SHAKES

mit Waffeln vom Grill

ZUBEREITEN: 45 MIN.

FÜR 4 PERSONEN

FÜR DIE WAFFELN:
3 Eier (M)
35 g Zucker
100 ml Milch
150 g Mehl
1 TL Backpulver
Butter für das Waffeleisen
Puderzucker zum Bestreuen

FÜR DIE GLASDEKO:
200 g Zartbitter-Schokolade
4 EL bunte Zuckerperlen
Goldspray (lebensmittelecht, ersatzweise Goldpuder)

FÜR DIE SHAKES:
300 gemischte Beeren (z. B. Erdbeeren Himbeeren, Heidelbeeren, Brombeeren)
200 g Sahne
100 ml Himbeersauce
100 g Joghurt
4 Kugeln Vanilleeis

ZUBEHÖR:
1 gusseisernes Waffeleisen

1 Den Grill für mittlere bis hohe indirekte Hitze (mit Deckel, 180–200°) vorbereiten. Das Waffeleisen 10–12 Min. im Grill vorheizen. Vier hohe stabile Gläser (à ca. 250 ml) ins Tiefkühlfach stellen.

2 Inzwischen für die Waffeln Eier und Zucker in einer Rührschüssel mit den Rührbesen der Küchenmaschine oder des Handrührgeräts dickschaumig aufschlagen. Dann die Milch unterrühren, anschließend das Mehl mit dem Backpulver vermischen und locker unterheben.

3 Das Waffeleisen gründlich mit Butter einfetten und ein Viertel des Teiges hineingeben. Die Waffel im geschlossenen Grill 3–4 Min. backen, dann aus dem Eisen nehmen. Mit dem restlichen Teig wie gerade beschrieben verfahren und drei weitere Waffeln backen. Die Waffeln auskühlen lassen, in mundgerechte Stücke teilen und mit Puderzucker bestreuen.

4 Für die Glasdeko die Schokolade fein hacken und in einem heißen Wasserbad schmelzen. Dann nacheinander die Ränder der eiskalten Gläser mit der Schokolade bestreichen oder beträufeln. Diese »vorbehandelten« Bereiche mit einigen Zuckerperlen dekorieren und mit Goldspray besprühen.

5 Für die Shakes die Beeren verlesen und falls nötig abbrausen und trocken tupfen. Die Sahne steif schlagen. Jetzt abwechselnd Beeren, Himbeersauce, restliche Zuckerperlen und Joghurt in die Gläser füllen. Dann je 1 Kugel Eis daraufsetzen und alles mit Schlagsahne und einem Stück Waffel toppen. Die übrigen Waffelstücke dazu servieren.

REGISTER

E

F

G

H

I

J

K

T

V

W

Z

IMPRESSUM

GRÄFE UND UNZER

Gräfe und Unzer ist eine eingetragene Marke der GRÄFE UND UNZER VERLAG GmbH, www.gu.de

ISBN 978-3-8338-8156-5
1. Auflage 2021

GRÄFE UND UNZER

Ein Unternehmen der
GANSKE VERLAGSGRUPPE

Projektleitung: Vanessa Lotz
Lektorat: schönseitig, Christina Geiger
Inhaltlicher Support: Manuel Weyer, Anna-Lena Koopmann
Umschlaggestaltung und Layout: ki 36 Editorial Design, München, Sabine Krohberger
Herstellung: Petra Roth
Satz: schönseitig, Christina Geiger
Reproduktion: Longo AG, Bozen
Druck: Firmengruppe APPL, aprinta druck, Wemding
Bindung: Conzella, Pfarrkirchen

UMWELTHINWEIS:
Nachhaltigkeit ist uns sehr wichtig. Der Rohstoff Papier ist in der Buchproduktion hierfür von entscheidender Bedeutung. Daher ist dieses Buch auf PEFC-zertifiziertem Papier gedruckt. PEFC garantiert, dass ökologische, soziale und ökonomische Aspekte in der Verarbeitungskette unabhängig überwacht werden und lückenlos nachvollziehbar sind.

DER AUTOR:
Robin Schulz, gebürtig aus Osnabrück, ist Deutschlands erfolgreichster Musikexport der letzten zwei Dekaden. Mit globalen Über-Hits wie »Waves« oder »Prayer In C« mischt er mit seinem einzigartigen Mix aus Clubsounds und Pop die Spitzen der weltweiten Singlecharts auf. Neben der Musik ist seine große Leidenschaft das Grillen. Auch hier will der DJ mit seiner Marke »Rob's Barbecue« und jeder Menge Know-how im Gepäck nun so richtig durchstarten.

BILDNACHWEIS:
Adobe Stock: Cover Hintergrund; Kovacic: 19_1, 19_2, 19_3, 19_4; Köstlin: 2, 6, 10, 11, 13, 50, 51, 92, 93_1, 93_2, 94, 95_1, 95_2, 96, 97_1, 97_2; Mike Meyer Photography: Coverfoto Robin Schulz und Foto beim Tipp; Neubauer: 20_1, 20_2, 20_3, 20_4, 20_5, 20_6, 21_1, 21_2, 21_3, 21_4, 21_5, 22_1, 22_2, 22_3, 22_3, 23_1, 23_2, 23_3, 26, 28, alle Rezeptfotos; The Noun Project: Icons

Syndication:
www.seasons.agency